兵海拾贝

张 翆 ◎著

Wuhan University Press
武汉大学出版社

图书在版编目(CIP)数据

兵海拾贝/张犟著. —武汉：武汉大学出版社，2021.6
ISBN 978-7-307-22297-7

Ⅰ.兵…　Ⅱ.张…　Ⅲ.军事理论－中国－文集　Ⅳ.E20-53

中国版本图书馆CIP数据核字(2021)第092595号

责任编辑：姜程程　　　　责任校对：牟　丹　　　　版式设计：天　韵

出版发行：**武汉大学出版社**　（430072　武昌　珞珈山）
　　　　　（电子邮箱：cbs22@whu.edu.cn 网址：www.wdp.com.cn）
印刷：三河市京兰印务有限公司
开本：710×1000　1/16　　　印张：13.75　　　字数：255千字
版次：2021年6月第1版　　2021年6月第1次印刷
ISBN 978-7-307-22297-7　　定价：58.00元

前　言

喜欢写东西的人基本可以分为两类，一类是天分才情高的，虽然也要勤奋，但"下笔千言，倚马可待"，比如李白、王勃、苏东坡、鲁迅、古龙、张爱玲等；另一类是资质一般甚至较低，但凭着勤学苦练，孜孜以求，后来也留下好作品的，比如"苦吟诗人"贾岛，还有幼时读书翻来覆去记不住被"梁上君子"鄙视的曾国藩等。我们既羡慕前者，也敬仰后者，而且相对而言，后者对普通人的成长进步或许更有启发。

我资质平平，至今没有高质量的代表作，但从小对军事感兴趣，读过一些古今中外的战史战例、将帅传记、兵书战策等军事书。2010年赶鸭子上架，开始给参谋班学员和研究生讲授"军事应用文写作"课程中"提高写作能力的途径"和"讲话稿写作"两个专题，以后又相继承担作战指挥、军事谋略、联合作战等课程教学任务。通过教学工作的理论牵引和业余时间的实践探索，近年来在各类报纸杂志上发表军事理论文章200余篇，仅解放军报社就有十多位编辑老师帮我编发了百余篇稿件，头条、连载、整版都有过，也参与了一些首长讲话材料或重大课题的研究撰写，取得了些许进步。出于对我的关心与鼓励，有些熟悉的师长、亲友多次建议我把发表的文章结集出版。在分类筛选汇编整理的过程中，我感到这些文章跟大家的作品当然差距很大，但多数文章，特别是篇幅稍大的也都经历过一个选题、确定框架、撰写初稿、修改推敲、成型定稿的过程，有的中间还多次反复。也就是说，我写东西酣畅淋漓一气呵成的时候比较少，通常免不了一番煎熬。步履维艰虽然吃力，但文章写出来很高兴，变成铅字很高兴，收到稿费也很高兴。如果一段时间不读书、不思考、不总结提炼自己的思想，就会觉得空虚不安，缺少成就感。所谓"思不成文意不精"，于是尽量提醒自己抓紧学习，"笔，不要掉下来"。

《兵海拾贝》反映了我从一名青年军人一路走来的跋涉历程，对军事领域的一些前沿、热点、现实问题，如武器装备的发展趋势、军事理论的继承创新、谋略运用的变与不变、指挥员素养的种种提升等也做了些"千虑一得"的思考和归纳。这本书是否值得"摆上书架"姑且不论，若能给某些热爱军事或者对写作感兴趣的年轻战友、朋友提供一点有益的借鉴，起到"抛贝引珠"之效，就感到莫大的慰藉了。

由于水平有限，书中观点、认识难免会有局限甚至偏颇讹误，恳请读者朋友批评指正。

目录
contents

打 明 白 仗

因敌制胜的奥妙

欲成其事，必利其器

未雨绸缪之备

细节不可不察

战者，率身以励众

打明白仗

打仗要打明白仗。胜利绝非臆想的产物，更不是仅凭气血之勇就能轻易获得。我们强调勇于"亮剑"，鼓励合理冒险，但不提倡匹夫之勇。孤注一掷死打硬拼是不负责任的赌徒心态。趋利避害，敢打必胜，既需要断然出手的魄力也需要谋高一筹的智慧。

既要敢"亮剑"，更要能"打赢"

勇气和血性是军人的脊梁、制胜的锋刃，"亮剑"精神不可或缺

抗美援朝战争胜利 60 多年了，一篇题为《上甘岭，美国人至今也想不通》的纪念文章感人至深。兵力在我 6 倍以上且拥有压倒性的炮、空火力和补给等方面的优势，却终究未能打下那个 3.8 平方千米的小山头，原因何在？美军擅长解析战争，但半个多世纪过去，他们的军事专家们始终无法凭借科学的电脑模拟，解释上甘岭的失败，只好将其归咎为"谜一样的东方精神"。

上甘岭战役，天上没有一架我们的飞机，地上没有一辆我们的坦克，火炮不到敌方的四分之一，没有充足的炮弹，甚至没有足够的反坦克手雷。美军可以用飞机去轰炸自行车，而我们的反坦克手雷只能留给敌人的坦克，用来炸碉堡都算奢侈。特级战斗英雄黄继光手中只有一颗反坦克手雷，为了完成摧毁四个子母堡的任务，最后关头用胸膛堵住敌人的枪眼。"这就是我们可爱的战士——他们从不和祖国讲条件，决不会因为没有空中支援放弃进攻，决不会埋怨炮兵火力不够，决不会怪罪没有足够的给养，只要一息尚存，就绝不放弃自己的阵地……他们甚至可以在长津湖零下 28 摄氏度的气温里整夜潜伏，身上仅仅只有单衣；他们可以在烈火中一动不动；他们中的每个人时刻准备拎起爆破筒和敌人同归于尽……"这种"谜一样的东方精神"，就是志愿军官兵们一往无前、有我无敌的"亮剑"精神，也就是人民军队"压倒一切敌人，而不为任何敌人所压倒"的勇气和血性。

纪念抗美援朝战争，最应该弘扬的是志愿军官兵的战斗精神，最值得传承的是革命前辈的血性基因。铸剑先铸魂，练兵先练胆。战争不仅是武器装备的对抗，更是双方战斗精神的较量。勇气和血性是军人的脊梁、制胜的锋刃，也是军人最具区分度的特质。无论战争形态发展到什么阶段，无论面对多么强大的对手，"亮剑"精神不可或缺。有了这种精神，才能产生战胜强敌的信心，磨砺百折不挠的意志；有了这种精神，才能客观辩证地知彼知己，扬长补短，乃至以己之长击敌之短；有了这种精神，我们什么时候也不会骄傲，什么时候也不会萎

靡，除了胜利一无所求，为了胜利一无所惜。

军队的使命是保卫国家利益、捍卫民族尊严，"亮剑"时机大可讲究

军队的使命职责是保卫国家利益、捍卫民族尊严，用胜利报效祖国和人民。"亮剑"不是目的，"打赢"才是根本。打不赢的情况下贸然"亮剑"，纵然悲壮牺牲，最多也只能表现军人气节。所以，"亮剑"时机必须审慎把握。

敌情不明或取胜把握较小时，不可逞气血之勇

"胜兵先胜而后求战，败兵先战而后求胜。"获胜的军队是先有了胜利的把握，然后才寻求同敌人交战；失败的军队是先盲目交战，然后企图在作战中侥幸取胜。敌情不明或破敌把握较小时，孤注一掷轻率出击是不负责任的赌徒心态。第二次鸦片战争中，僧格林沁恃勇轻敌，指挥骑兵正面攻击装备洋枪洋炮且严阵以待的英法联军，致8000精骑全军覆没。"二战"初期，波兰骑兵挥舞着马刀向德军装甲部队发起有去无回的集团冲锋。这样"亮剑"简单轻率，牺牲得毫无意义。

不能赢得全局和长远胜利时，不可急近功小利

"打赢"指的是全局的长远的胜利，而非局部的暂时的得手。赢在不该赢的地方，往往比输在不该输的地方，输得更彻底！"二战"中日本偷袭珍珠港、1990年伊拉克吞并科威特，都是贪图眼前小利招致战略失败的反面典型。不仅小国在慎战问题上输不起，大国、强国率意而为，带来的损失也让国家难以承受。美英联军攻打伊拉克，仅用20余天就推翻了萨达姆政权，但占领容易控制难，针对驻伊美军的各种袭击此伏彼起，美军防不胜防，损失惨重，最后不得不狼狈撤军。以战止战不仅要赢得战争，更要赢得和平。所以"亮剑"务持重，不可急近功小利。

趋利避害，既需要断然出手的魄力也需要蓄力待机的智慧

国家利益是保障国家生存、发展与安全的全部物质条件和精神条件的总和，是主权国家的行为依据和准则。养兵备战的目的就是捍卫国家利益和保卫国家安全。维护国家利益需要高度的政治智慧和长远的战略眼光，该出手时要毅然"亮剑"。1950年朝鲜战争，中华人民共和国刚刚成立，满目疮痍，百废待兴。此时"联合国军"向鸭绿江逼近，对我国核心利益构成了严峻挑战。在这种十分困难的情况下，毛主席发出"抗美援朝、保家卫国"的号召，志愿军入朝作战，通过

艰苦卓绝的斗争，最终取得伟大胜利，令蒙受百年屈辱的中华民族重新屹立于世界东方。而不该出手或不能出手时必须忍辱负重，蓄力待机。1917年，俄国十月革命胜利后，新生的苏维埃政权面临十分险恶的国际国内环境：第一次世界大战还在进行，德军占领了俄国大片土地。国内反革命活动十分猖獗，采取各种形式向苏维埃政权进攻。俄国的旧军队已崩溃，新军队尚未建成。为了早日退出帝国主义战争，争取喘息之机，列宁从实际出发，千方百计说服布尔什维克代表们，接受德国条件与其媾和。1918年3月3日，苏俄与德国签署了屈辱的"布列斯特和约"，在付出割让大片领土和承担巨额战争赔款的代价后，苏维埃政权赢得了时间，站稳了脚跟。半年后"一战"结束，德国战败，苏俄政府立即废除此条约。这是以空间换时间的成功外交典范。列宁利用帝国主义国家间的矛盾，凭借大智大勇的顽强忍耐，保住了苏维埃政权，进而维护了国家的根本利益。

"亮剑"举措需要"打赢"资本的支撑，从难从严练好打赢本领才能不辱使命

"守不忘战，将之任也；训练有备，兵之事也。"战场上打不赢，一切等于零。具备"打赢"资本，或至少能让对手付出难以承受的代价，"亮剑"才有意义。站在变革的潮头，瞄准强敌，立足最困难的情况，从难从严练兵备战，是提高"打赢"本领的根本出路。

切入对手思维，把握其利益敏感点，瞄准强敌备战

军事活动与其他社会活动的显著区别就在于其激烈的对抗性。打什么仗的问题，归根结底是同什么对手打仗的问题。推进军事斗争准备，关键在于透彻地研究作战对手。能战胜最强敌，就不怕次强敌。在我军训练史上，战略目标明晰、作战对手明确的时候，往往也是军事训练长足前进的时候。20世纪80年代初，叫响一时的"监军司令"引发了部队研究外军的热潮，战术技术训练改革不断取得新突破；90年代科技大练兵中"新三打三防"的提出，也是基于作战对手可能发生的变化。事实证明，备战没有对手就会失去目标，没有针对性就容易做无用功。研究战争制胜规律，不能不研究对手。学会像敌人一样思考战争，切入敌人的思维，准确把握其战略利益的敏感点，"察其意，而不泥其迹；注其神，而不摹其表"，才能未雨绸缪地搞好战备并在作战中保持主动。既要研究强敌现有的军事理论、武器装备、指挥方式、战术战法，又要洞察其转型发展后的技术装

备、组织结构、指挥与战法等，尤其要保持头脑清醒，警惕对手的战略误导，不能被敌人牵着鼻子走，不在敌擅长的领域与其做狭路相逢之争。坚持"你打你的，我打我的"，积极筹谋有效反制的多手准备。

多设危局、困局，从实战出发，瞄准最困难的情况备战

"凡事预则立，不预则废。"战争更是如此。不具备天时、地利、人和等诸多取胜条件中的任何一个，强行为之都可能自取其辱。盲目乐观，对困难估计不足更容易招致失败。朝鲜战争初期，麦克阿瑟傲气十足，认为中国不敢出兵，叫嚣"圣诞节前结束战争"，结果前三次战役美军被打得抱头鼠窜；海湾战争前，美军做了充分准备，预留了46000张医疗床位，最乐观的伤亡估计也在3000人左右，结果仅以146人阵亡、467人受伤的代价轻易取胜。对战争的正确态度应该是不打无准备、无把握之仗，也不打只有准备但无把握之仗。每战都要进行严肃认真的分析研究，要拟订出一个深思熟虑的计划，这个计划应立足最危险最黑暗的情况，预测敌人可能采取的一切手段，综合分析来自太空、空中、海上、水下、地面的各种威胁，把困难想尽，并预留后手。突出极端恶劣天候条件下装备操作训练，积极开展最远距离射击、最复杂障碍驾驶、最激烈战术对抗等高强度高难度训练，勇于在极限值上探寻战斗力增长点，真正实现武器运用自如、发挥最大效益。突出"指技一体"的指挥员训练、"一专多能"的战斗骨干训练、"用修双精"的装备操作人员训练，扎实打牢部队技战融合基础。杜绝一厢情愿的自欺欺人，营造基于"最差结局"的危局训练，才能在残酷激烈、复杂多变的战场上应对裕如，保持"致人而不致于人"的主动，最终夺取胜利。

前瞻未来，创造条件，瞄准智能化战争备战

俄罗斯军事理论家斯里普琴科说："军人的主要任务从来就是对未来战争进行全面准备，但由于种种原因，他们所准备的往往是过去了的战争。"30年前的海湾战争揭开了战争形态由机械化向信息化过渡的序幕，而随着人工智能的高速发展，战争形态逐渐由信息化向智能化转变。信息"触角"跨数量级增长并延伸至战场各个角落，正在形成泛在化、智慧化的战场环境；超高速导弹、高超声速平台、电磁轨道炮、天基动能武器、激光武器、微波武器、纳米武器、新概念弹药等战争"新锐"竞相登场并日臻成熟；无人机、战斗机器人、无人潜航器等装备正在从"配角"跃居战争"食物链"的高端；人在回路的分布式协同任务规划体系铰链各个军事子系统与武器装备，成为体系自主对抗的"中枢神经"和"外脑"，人机协同作战和智能机器自主作战正在走进现实。美军认为其人工智能在

战役级作战上已具优势，希望尽快进入战略作战和体制结构，进一步扩大优势。俄军于2015年底，整建制投入战斗机器人集群入叙参加反恐作战，不仅取得举世瞩目的辉煌战果，也向我们展示了智能化战争的新模式。战争形态转变是不以人的意志为转移的客观存在。信息化建设的高级阶段，迈向智能化是必然选择。练兵备战应着眼争夺未来军事竞争的战略主动，下先手棋、打主动仗。着力提高官兵必备的科技知识、作战技能，增强联合意识、联合素养，积极构建能够自组织、自适应、自同步、"人在回路"、"物在感知"的复杂性网络信息体系，加快发展人机合作决策、有人/无人作战编组、网络赋能等方面的智能化技术，努力形成与智能化战争同频共振的训练指导，争做下一场战争的主导者。

中国国防报　2014.4.30　有改动

国防科技创新不可忽视基础理论研究

2016 年 2 月 11 日，美国激光干涉引力波天文台项目主管大卫·莱兹在华盛顿举行的新闻发布会上自豪地宣布："我们发现了引力波，我们做到了！"

引力波是爱因斯坦百年前预见的一种时空干扰波，是广义相对论中的一个重要预言。虽然其存在缺乏直接证据，但几十年来世界各国的科学家们一直没有放弃搜寻引力波的努力。美国在该领域投入极大，20 世纪就耗资近 4 亿美元，于 1999 年建成了激光干涉引力波天文台，2005 年后再次升级，使用更高功率的激光器和避震措施，降低误差。孜孜以求的不懈努力终于获得回报，此次主导发现引力波的正是"激光干涉引力波天文台"项目。

引力波研究专家马寅哲说，天文学的发现几百年以来主要靠电磁光谱的测量，射电、光学、红外、X 射线等天文观测手段均是在收集光，靠"看"观测宇宙。引力波的发现则将从"听"这一完全不同的角度进行天文观测，引力波天文学这一学科的大门彻底被打开。引力波将成为检验爱因斯坦相对论、探测黑洞质量、测量宇宙距离等基本问题的新窗口。

英国著名理论物理学家斯蒂芬·霍金表示："引力波提供了一种人们看待宇宙的全新方式。（人类）探测到引力波的这种能力，很有可能引发天文学革命。"

科学家描述发现引力波的重大意义离我们的现实生活似乎远了些，麻省理工学院校长就人类首次探测到引力波致信全校师生。信中的一段话发人深省：基础科学研究"是艰苦的、严谨的和缓慢的，又是震撼性的、革命性的和催化性的。没有基础科学，最好的设想就无法得到改进。'创新'只能是修修补补。只有基础科学进步，社会才能进步"。

战争是人类矛盾斗争的最高形式与暴力手段。军事领域的革故鼎新最为迅捷。任何新技术，只要有可能，就往往首先应用于军事。相对艰辛漫长的基础理论研究而言，应用理论研究投入小、见效快，在已有成熟理论体系的框架下进行改良性创新，常常立竿见影。北宋发明的床子弩，射程达到四五百米，接近今天的步枪；普鲁士腓特烈大帝首创的乘骑炮兵，给骑兵装备了轻型火炮，从而将火力和机动力统一起来，威力直逼坦克。但必须承认，冷兵器时代的弓弩、热兵器时代的骑兵毕竟不能与第二次工业革命后横空出世的坦克、飞机、航空母舰等现代力量抗衡。基础理论决定一切！基础理论研究是整个科学体系的源头，是所有技术问题的总机关，是武器装备发展的原动力，是通向宇宙真理的必由之路。缺乏基础理论创新支撑的应用改良不可能产生"颠覆性技术"，任何被回光返照的低级技术蒙住眼睛，安于享乐不思进取的国家和民族，必然会因为落后而挨打，甚至被历史无情淘汰。

当今时代，战争形态和作战方式深刻演变，武器装备加速向精确化、智能化、隐形化、无人化方向发展。各主要国家都在加紧抢占军事技术领域制高点，加快武器装备更新换代步伐。作为世界军事变革领头羊的美军更在刻意追求"绝不让自己的部队陷入一场'公平战斗'"的压倒性技术优势。中华民族要实现伟大的民族复兴，要想在激烈的国际军事竞争中掌握主动，决不能亦步亦趋地跟着强敌走，必须超前谋划，大力推进科技进步和创新。

引力波被发现带来的举世轰动提醒我们：重视基础理论研究，实现基础理论突破，永远保持自主创新能力，才可能发展出克敌软肋、使敌害怕的武器装备，在一些关键领域形成非对称战略制衡能力，甚而走出一条后发之军的超越之路。

学习时报　2016.3.10　有改动

也应重视应用理论的创新潜力

——有感于防空导弹击沉战舰

据媒体报道，今年（2016年）1月，为了测试美国海军"分布式杀伤"作战概念，退役战舰"鲁本·詹姆斯号"在夏威夷沿海的太平洋导弹试验场，作为靶船被雷神公司生产的"标准"–6导弹击中沉没。美国海军分布式杀伤概念的一部分是，修改现有武器系统，将它们用于最初设计时未曾考虑的任务。垂直发射的超音速"标准"–6导弹的设计初衷是对空防御，拦截来袭的飞机和巡航导弹。今年2月，美国国防部部长告诉记者："我们正在创造一种全新的能力，修改'标准'–6导弹，这样除了导弹防御之外，它也可以在海上攻击很远距离外的敌方舰艇。"

改造后的"标准"–6导弹有效射程超过美国海军的其他主要反舰武器，已成为攻防兼备的多用途导弹。美军此项技术改革难度不大、投入不多、效益可观，值得借鉴。

哲学家罗素曾经说过："科技的实际重要性，首先是从战争方面认识到的。"军事领域的革故鼎新迅捷无比、异彩纷呈。对科学技术的洞察理解和掌握运用，直接决定着一支军队的现代化程度与未来命运。

科技创新包括基础理论和应用理论两个方面。基础理论研究是整个科学体系的源头，是所有技术问题的总机关，是武器装备发展的源动力。基础理论的重大突破往往能产生"颠覆性技术"，对落后对手形成"压倒性"优势，甚至引发军事变革，改变战争形态。牛顿的万有引力定律和三大运动定律为机械化战争提供了理论依据；爱因斯坦的相对论则催生了令人闻之色变的热核战争。但必须承认，相对应用理论而言，基础理论研究艰辛漫长，投入巨大，见效较慢，难以满足迫在眉睫的军事需求，难以应对刻不容缓的战略威胁。

应用理论创新的"门槛"则低得多，在已有成熟理论体系的框架下进行改良性创新或创造性运用，常常立竿见影。抗日战争中我军令日本鬼子心惊胆战、步步狐疑、进退维谷的地雷战、地道战、麻雀战等更是群众智慧的集中体现。可见，应用理论创新亦可能谋取出敌不意的"非对称"优势，甚至可能赢得最后胜利。

战争是人类社会最激烈、最残酷、最普遍的现象，关系到军民生死乃至国家存亡。通过科技创新提高战斗力是一项极其复杂的系统工程。既包括对未来的预测，也包括对现实的认知；既包括对目标的确立，也包括对过程的设计；既有宏观判断，也有微观控制；既有系统分解，也有系统综合。美军改造防空导弹提高反舰能力的成功实践启发我们：应用理论创新同样大有可为，加强该领域研究或许可以收获"四两"拨动"千斤"之效！

中国国防报   2016.4.1   有改动

善取他山之石，践行自主创新

——从"格拉西莫夫战术"大放异彩说起

2013 年，俄军总参谋长格拉西莫夫撰写了一篇论文——《科学技术在战争规律预测中的价值》，这是以格拉西莫夫为代表的俄军高层对混合战争的思考结果。鉴于美军早已对混合战争概念理论进行过初步界定和连篇累牍的研究报道，格拉西莫夫在文章中简明扼要地提出，俄罗斯要学习使用一种军事、科技、媒体、政治和情报策略多管齐下的"21 世纪闪电战"，用最小的成本打乱敌人的阵脚。3 年后，在 2016 年俄罗斯军事科学院年度大会上，格拉西莫夫又拿出前文修改版——《混合战争需要的高科技武器和科学理论》，要求军事科学院的专家把混合战争作为重点研究方向，特别要总结俄军在乌克兰和叙利亚战场上的经验教训，把混合战争体系化、制度化，打造独具俄军特色的"混合战争"。

现代科技发展，颠覆了一些传统作战规则。在"混合战争"中，优势方的弱点有时比劣势方暴露得更充分、更明显，劣势方通过非对称作战，可能将自身能量成倍放大，进而扬长避短，以长击短，以劣胜优。

虽然混合战争理论出自美国，但纵观近几场局部战争和武装冲突，美国似乎并未做好打赢混合战争的准备，反而是俄罗斯通过对自身威胁的清醒认识，迫切而积极地借鉴探索"混合战争"理论，逐步形成以"格拉西莫夫战术"为代表的一系列理论成果，并在实践中不断检验完善，创造了该理论最经典的运用，让以美国为首的北约陷入极大的被动和尴尬之境。

乌克兰危机中，俄罗斯采取多种战略欺骗与威慑措施，利用各种信息手段展开大规模的心理战、舆论战、法律战，快速前出隐秘部署特战部队，牢牢把握主动，摆出不惜一战的架势，最终兵不血刃收回克里米亚。俄罗斯在危机中犀利果敢并且出人意料的种种举措，令追求协商一致的北约决策体制无能为力，面对前所未有的"新型冲突"，既来不及正确判断，更谈不上妥善应对，除了挥舞所谓的制裁大棒外束手无策。

叙利亚战场上，俄军基于地缘政治、石油资源、宗教环境，以及传统政治意识形态等元素，围绕作战效果，频繁转换军事、政治、外交、经济多种手段，不断调整作战强度，进行了一场作战手段、战术方法、博弈空间等不断快速转换的战争。征兆期纵横捭阖谋取政治优势，初期加强媒体宣传抢占道义高地，关键时节投入精兵利器锁定军事胜局，后期进退裕如保持战略主动。俄罗斯军事介入叙利亚反恐，既打破了西方的封锁围堵，克服了前进道路上的障碍，又平衡了中东力量对比，甚至在相当程度上重塑了中东格局，为俄罗斯的大国复兴奠定了基础。难怪俄罗斯军界通常不直接说"混合战争"，而更喜欢用充满俄罗斯风情的名词"格拉西莫夫战术"来描述混合战争。

创新是一个民族的灵魂，军事领域永远是对社会生产力最敏感、吸收新技术最迫切、更新理论指导最果断的领域。一部人类战争史就是一部创新与变革的思维对决演绎史。新军事革命浪潮汹涌澎湃，各强国军队都力求撷取最新科技成果，创新发展军事理论，打造致人而不致于人的物质手段。俄军"新面貌"改革之后，整个军队面貌焕然一新，对西方的先进理论虚心学习，积极借鉴。凭"眼光"拿来，用"脑髓"创造的"格拉西莫夫战术"源于西方，用于西方，取得了举世瞩目的辉煌战果。

"格拉西莫夫战术"大放异彩启发我们：借因所需，鉴为所用，要想在未来战争中赢得胜利，必须在滚滚向前的时代洪流中善取他山之石，践行自主创新，在坚持"世界性"中创造出"中国式"，方能实现跨越，肩负起我们这一代军人的历史担当。

解放军报　2018.3.29　有改动

时刻保持对目标的清醒

——应该为"不以击落敌机数量论成败"点赞

据报载，不久前，空军某旅的实战化训练呈现出可喜变化。对抗训练之初，有的飞行员片面追求击落战果，一次执行要害目标防卫任务，当时"敌机"在射程外"挑衅"，防卫战机冲上前去咬住"敌机"并成功击毁，但由于追击距离过远，另一队"敌机"乘虚而入，偷袭了要害目标。败走"麦城"后，旅领导把握契机，提出"不以击落敌机数量论成败"，引导飞行员从战略战役层次审视空战战术应用，强调既要锤炼空战本领，更要强化全局思维、任务观念。后续对抗中，吸取教训的飞行员在占据空战有利位置的情况下，果断放弃追击，迅速突击至要害目标上空实施精确打击，虽然没有击落"敌机"，却被判定取得胜绩。

现代战争是体系对抗，不论是要害目标突击，还是联合防御制敌，都需要各军兵种力量胸怀全局、聚焦任务、精准衔接、密切配合。面对纷繁复杂、瞬息万变的战争情况，各级指战员都要时刻保持对目标的清醒，"泰山崩于前而色不变，麋鹿兴于左而目不瞬"，这是最根本的清醒，也是制胜的关键。

保持对目标的清醒，需要敏锐的洞察力。拿破仑说："对统帅而言，正确而准确的眼力比诡计更为重要，更为有用。"只要有战争，就有战争的全局，就有攸关全局的重心、枢纽和关节。官渡之战曹操以弱对强抗击袁绍，相持阶段曹军缺兵少粮非常被动。异常窘迫之际，袁绍的谋士许攸来降，建议曹操出奇兵焚毁袁军囤积在乌巢的粮草辎重。胆识过人的曹操立即抓住机会，亲率精锐夜袭乌巢，最终赢得决定性胜利。"帕累托定律"（又称"二八定律"）告诉我们：面面俱到不如分清主次，要从琐碎事物中摆脱出来，集中精力完成最重要的任务。整体往往是被局部颠覆的，找准并掌控了重心和枢纽、抓住关键的局部，就掌控了全局和整体。

保持对目标的清醒，需要坚定的执行力。执行力是贯彻落实作战意图、实现作战目的的具体实践操作能力，是连接军事决策与目标实现的桥梁。夜袭乌巢战斗中，袁绍发现曹军行动后急忙派兵驰援，面对身后袁军的步步紧逼，曹操表现出令人叹服的眼光和胆略，果断拒绝了部下分兵阻援的建议，严令将士拼死向前，终于赶在对手援军抵达前攻破乌巢，一举烧尽了袁军粮草，这场胜利成为整个战争的转折点。可见，再完美的作战预案，缺少坚定果敢的执行也不过是镜花水月。全体指战员认准正确目标后，都必须不折不扣、不讲价钱地全力以赴，即便遇到困难甚至面临牺牲也不能有任何的消极、动摇和抵触。

保持对目标的清醒，需要随机应变勇于担当。战争是"活力的对抗"，再高明的统帅也无法预知战场上将要发生的一切，不可能事先制订出滴水不漏的完美计划。因而计划执行过程中各级指挥员的勇于担当、随机应变和主动作为就显得尤其重要。1947年东北野战军发起"三下江南"作战，我2纵5师奉命东进，配合友军歼敌。机动途中，5师突然发现敌一个团经过。师长钟伟判断：敌处运动之中，可打。师政委认为：东进是全局，上级的命令是铁的纪律。钟伟则认为：机动只是手段，歼敌才是目的，不能机械执行命令贻误战机。意见相持不下，战机眼看就要错过，钟伟下了决心："就这么定了，留在这里打。打错了，砍头掉脑袋我担着，打！"激战中，钟伟连续接到上级三个即时东进的电报，他不为所动，一面组织部队攻击、打援，一面上报变化了的战场情况，特别强调5师的主动出击调动了敌人，大量歼敌的战机已经出现。东野总部终于被钟伟的坚持打动，而且发现这样更利于全局的后续发展，转而全力支持。最后，5师全歼当面之敌一个团，又拖住援敌一个师，配合兄弟部队聚歼之，干净利索地取得了"三下江南"的完胜，受到东野总部通令嘉奖，钟伟也被越级提升为纵队司令。过去的战争要求指挥员敢于和善于机断行事，信息化战争更是如此。

解放军报　2017.1.24　有改动

国士无双耀汗青

——感悟郎平的为将之道

里约奥运会，中国女排在郎导率领下，拒绝命运编辑好的剧情，从小组赛的磕磕绊绊到淘汰赛的越战越勇，用一局局荡气回肠的逆转，用一次次拼尽全力的意志，用最后三场史诗般惊心动魄的胜利，为中国女排精神做出了诠释，为中国体育事业谱写了华章，也向全世界彰显了中华民族的勇气血性、坚韧顽强和众志成城。

与"国球"、跳水等优势项目不同，在强手如林的世界排坛，中国女排没有"统治地位"，几乎每次夺冠都是靠艰难的拼搏完成。此次出征里约，12名队员中"只有朱婷拥有绝对的个人实力"，其他队员与强敌相比均不占优势。在逆境中奋起，最终创造振奋国人、震惊世界的辉煌，固然离不开队员的团结拼搏，但必须承认，作为球队灵魂的教练郎平发挥了中流砥柱的作用。女排精神堪称民族瑰宝，值得全国人民学习发扬。主帅郎平的为将之道，同样值得中国军人尤其是指挥员孜孜探求，砥砺躬行。

无私无畏以身许国。郎平两次接掌中国女排的帅印，都是在球队状态低迷，跌至谷底的时刻。就因为一句"中国女排需要你！"早已功成名就的郎平放弃国外优越的工作生活条件和高薪礼遇，放下对爱女的牵挂愧疚和不舍，带着累累的伤病和"鞠躬尽瘁死而后已"的决心，义无反顾地"受命于败军之际，奉命于危难之间"。用满腔赤诚，激励和率领中国女排凤凰涅槃，浴火重生。对指挥员而言，忠诚和信仰不是一个可以说教的问题，而是一个率先垂范的问题。你信，部属跟着你信；你做，部属跟着你做。只有像郎平那样无私无畏，将国家需要作为进退去留的唯一选择，才能超越个人的局限，凝聚磅礴的力量。

慧眼识才放胆用才。作为世界顶级教练，郎平识才、用才的眼光和胆略令人叹服。2003—2008年中国女排"黄金时代"的主教练陈忠和是她大力推荐的，陈忠和时代最重要的两名队员冯坤、赵蕊蕊也得益于她的慧眼识珠。2013年郎平再次执教中国女排，面对低迷的士气和疲软的队伍，她果断开始发掘新人。为网罗天下英才，她四处考察球员，开启了令人瞠目的"飞行模式"——5天飞3座城市。伯乐的辛勤付出终于获得了回报，中国女排以一年冒出一位新星的速度夯实队伍。今天闻名遐迩的"朱袁张"（2013年朱婷、2014年袁心玥、2015年张常宁）都是她发现和培养的。甚至进入2016年奥运会最后的备战冲刺阶段，郎平还发掘出龚翔宇，这位刚进入国家队半年的小将取代了前队长曾春蕾出征巴西，建功里约。人才是事业的基础，发现人才、爱惜人才、培养人才、用好人才是成就事业的根本保证。现代战争是复杂的体系对抗，需要方方面面的人才集众智、策群力，指挥员必须拥有郎平那样识才的慧眼和用才的胆略，才能海纳百川、因人成事，创造辉煌。

指挥若定用兵如神。女排精神催人奋进，但光靠精神赢不了比赛，还必须具备过硬的实力。在构成中国女排的实力要素中，我们最大的优势就是主帅世界顶尖的执教能力。猛将发于卒伍！世界排坛超一流主攻手出身的郎平，对场上队员的心态及排球比赛的走势，有着难以言喻的精准判断。多年来国际排坛丰富的执教经历，更让郎平深刻了解世界女排最先进的技战术和发展方向。里约赛场上，进入淘汰赛之后，不论战局多么险恶，郎平始终指挥若定；不论对手多么强大，郎平总能调兵遣将力克强敌。比赛中的实时鼓励、及时暂停、大胆换人以及鹰眼挑战的准确度和策略性，将郎平卓越的指挥艺术展示得淋漓尽致。"兵无强弱，强弱在将！"从一定意义上说，"打仗就是打将"。指挥力就是战斗力！如果指挥员的判断和指挥出了问题，胜利的希望就变得渺茫，寄希望于战士们通过浴血奋战力挽狂澜更加困难。所以，各级指挥员都应以郎平为榜样，研究指挥科学、精通指挥技能、提升指挥艺术、锻造自身过硬的指挥能力，无愧地肩负起"能打仗，打胜仗"的职责使命。

中国国防报　2016.8.25　有改动

加强体系建设　实现作战效能整体跃升

——从孤胆突击的"王牌"黯然离场说起

日前，空军"金飞镖–2016"突防突击竞赛性考核拉开战幕。此次考核，空军为担负突防突击任务的航空兵部队配属了预警机、干扰机、侦察机等电子支援、保障、掩护力量。开战之前，某航空兵团与空中电子支援保障力量也制订了共同对抗防空体系的协同计划。然而，首轮突防突击，该团指挥员没有按照协同计划，竟下令抛开电子掩护和保障力量，仅用突击力量贸然突防。尽管飞行员超低空机动能力出众、利用山体遮蔽运用战术战法得当，但面对雷达、地导、干扰构成的严密空防体系，还是大多被击落。与之形成鲜明对照的是，其他参战部队遵从体系制胜观念，自觉把电子对抗与突防战法结合起来，利用机群协同掩护隐蔽突防，有效压制了"敌"防空体系，最终对目标进行了摧毁式打击，实现了"突得进、打得上、能毁伤、回得来"的打击效果。

战争不是单兵、单个武器、单项技术的对决，而是敌我之间全方位整个武器系统甚至整部国家机器的对抗。全局意识和系统合力对夺取胜利起着决定性作用。战国时，吴起治军严明，一次指挥魏军作战，尚未列阵完毕，一名骁勇的士兵突然擅自冲入敌阵，斩首而还。吴起不仅没有赏赐，反因其不听号令治其死罪，于是三军悚然，令行禁止。在吴起的统领下，魏军"勇者不独进，怯者不独退"。上下同欲，齐勇若一，与诸侯国交战76次，完胜64次，战平12次，未尝一败。明代抗倭英雄戚继光发明的"鸳鸯阵"，长短兵器迭用，攻防结合，灵活机动，队形易于变化，并能相互照应。抗倭作战中，戚家军运用此阵全胜80余战，甚至创造了冷兵器时代歼敌过千、己无伤亡的战争神话。"鸳鸯阵"堪称优化要素、优化系统、优化结构与巧妙运用的完美统一。

古代军事家对体系制胜、聚力破敌已有清醒认识。现代战争体系对抗的特点愈发突出，武器装备发展建设过程中要注意结构优化，功能完备，具体运用过程中的配套互补也不容忽视。海湾战争中，美军对巴格达的一次空袭出动了包括F-16、F-15、EF-111和F-4G支援飞机在内的70余架飞机，整个编队攻防兼备，相得益彰，顺利地摧毁了巴格达附近的核设施。执行后续攻击任务时，负责压制敌防空配系的F-4G飞机用完了所有的反辐射导弹返航了，护航的F-15也离开了该地区，作战体系出现了结构和功能缺失，剩下的 F-16 既得不到空中掩护，也得不到电子支援飞机的支援，很快遭到地空导弹和高炮火力的猛烈攻击，当即被击落 2 架。

联合作战协同方面的任何细节出现疏漏，都可能导致灾难性后果，缺乏"联合作战""体系对抗"意识更明显落后于时代！此次空军竞赛考核，孤胆突击的"王牌"黯然离场的教训警示我们：指头再有劲，也比不上拳头的力量。拘执于脱离团队称雄、脱离体系制胜的旧思维抓准备、搞建设、谋打赢，必定在未来战场吃败仗。落实"能打仗、打胜仗"要求，必须树立体系制胜思维，要从体系着眼设计战术战法，把突防突击上升到高级战术阶段，有机融入作战体系，才能拿到未来大规模空中进攻作战的制胜权。进一步说，加强体系建设，用好作战体系，才能将硬指头攥成铁拳头，实现作战效能的整体跃升。

中国国防报　2016.7.28　有改动

无人化武器推动战法创新

近日，俄罗斯媒体曝光了 2015 年底，叙利亚政府军在俄罗斯战斗机器人的支援下强攻伊斯兰极端势力据点的战斗，宣称这是世界上第一场以机器人为主的攻坚战。俄罗斯投入了 4 台履带式"平台"-M 战斗机器人、2 台轮式"阿尔戈"战斗机器人和至少 1 架无人机。这些机器人和无人机由俄军遥控指挥，与叙利亚军队配合作战，围攻拉塔基亚省一处由伊斯兰极端势力据守的 754.5 高地。

战斗打响后，无人机首先升空，将战场情况实时传送到俄军指挥系统。操作员操纵战斗机器人抵近武装分子据点 100～120 米，用机枪和反坦克导弹进行攻击，叙利亚政府军则在机器人后 150～200 米相对安全的距离上肃清武装分子。遇到坚固火力点时，己方阵地上的 2S3 152 毫米自行榴弹炮根据无人机和机器人传回的画面，实施精确炮击，彻底摧毁目标。战斗持续了 20 分钟，一边倒的猛烈打击令极端势力武装分子毫无还手之力，约 70 名武装分子被击毙，而参战的叙利亚政府军只有 4 人受伤，显示出战斗机器人的巨大优势。俄军总参谋长格拉西莫夫不久前表示，俄罗斯正在试图建立全自动化战斗系统，"我们将很快见证机器人军队独立进行战斗"！

战争面貌的刷新，不仅不以人的意志为转移，而且比我们想象的快得多。美国已将"捕食者""全球鹰""死神"等无人机，及"利剑"机器人等智能化无人装备投入阿富汗和伊拉克战场。俄罗斯战斗机器人精彩的实战表现启示我们：科幻电影里的"终结者"军团正迅速走进现实。一线无人化作战已成为信息化战争新特点，其比例也在实战中不断上升。未来作战必须对无人作战平台高度重视，将其作为一种首选或必选的作战力量使用，同时列为指挥控制的重点要素。

技术决定战术。备战智能化战争首先要明确无人化作战需求，完善无人化装备体系。就当前来说，我军各类无人作战系统直接作战能力仍然有限，应瞄准世界无人武器发展潮流，加紧研发直接用于作战的无人攻击机、无人战斗机、无人潜艇等，同时注重发展"察打一体""察扰一体"等多功能无人武器，力求形成战略、战役、战术级衔接配套、系列化、标准化、模块化的无人化装备体系。在此基础上，积极组建无人化作战力量，创新无人化作战理论，组织无人化作战训练，加快无人化作战力量融入当前的联合作战体系，不断提高无人化作战能力。

除了运用无人化力量实施进攻迫在眉睫，无人武器的战斗防御问题同样不可忽视。特别是随着纳米技术的日臻成熟，各种微型机器人发展迅猛且成本骤降。未来对抗强敌铺天盖地蜂拥而至的机器人军团，擅长"点杀伤"的各类精确制导武器容易应接不暇且费效比太低，使用具有大规模毁伤效应的"面杀伤"武器可能是更好的选择。人工智能的快速发展，无人武器的大量使用，使战法创新进入了新的历史轮回，呈现出新技术推动下的螺旋式上升，对这一趋势必须充分认识、未雨绸缪。

学习时报　2016.5.26　有改动

我们为什么能打赢那场战争？

作家杨恒均记录了一个抗日期间让他情有独钟的故事：日本侵华伊始，中国全国总动员，学生们走上街头，欢送刚刚应征入伍奔赴抗日前线的中国好男儿。一个女学生走近一名年轻的新兵，问他："你认为我们能打赢这场战争吗？"年轻人微笑着说："一定能。"女孩子被战士的乐观感染，高兴地追问道："那仗打完后你准备干什么呢？"战士想了一下，表情凝重地说："那时，我已经不在了。"

乐观的微笑、凝重的神情；必胜的信念、必死的决心！寥寥数笔，仿佛电影中的蒙太奇，一个年轻鲜活而又慷慨悲壮的英雄跃然纸上，成为一道没有留下姓氏的民族脊梁。

中华民族有着 5000 年悠久的历史，创造过举世瞩目的璀璨文明。而近代以来，面对"三千年未有之变局，三千年未有之强敌"，清政府的统治者却夜郎自大，不思进取，闭关自守，国家实力迅速衰落，"天朝上国"一步一步沦为任人欺凌、任人宰割的"东亚病夫"。统治阶级的腐朽无耻更摧毁了我们的民族凝聚力，日本发动侵华战争，将中华民族逼到了亡国灭种的边缘。

日本敢于侵略中国，源于当时统治阶层的抵抗意志薄弱。面对外寇步步紧逼的挑衅，一味妥协退让，换来的不是和平而是对手极度膨胀的胃口和野心。

日本敢于侵略中国，还源于两国工业能力的巨大差距。1937 年全面侵华前，日本年产钢铁 580 万吨，中国只有 4 万吨；日本年产飞机 600 架，中国一架也产不了；日本年产坦克 200 辆，中国一辆也造不出。

日本敢于侵略中国，更因为看透了当时中国社会是一盘散沙。甲级战犯、九一八事变元凶坂垣征四郎说："从中国民众的心理上来说，安居乐业是其理想，至于政治和军事，只不过是统治阶级的一种职业……国家意识无疑是很淡薄的。无论是谁掌握政权，谁掌握军权，负责维持治安，这都无碍大局。"

然而，侵略者看错了！

侵略者看透了当时中国国家内耗、政府腐朽、社会涣散造成的软弱，看透了民众与政府的游离与对立，但他们不了解中华民族真正的民族精神。正如毛泽东主席所言："我们中华民族有同自己的敌人血战到底的气概，有在自力更生的基础上光复旧物的决心，有自立于世界民族之林的能力。"[1]

泱泱五千年华夏文明，之所以饱受挫折、历经劫难却坚韧顽强地绵延赓续至今，就是因为在中华民族的血脉里从来不乏阳刚勇武的精神基因，在广大的中国人民心底潜藏着熔岩地火般的民族精神。

打赢那场战争，中华民族付出了3000万儿女的沉重代价。杨靖宇、赵一曼、赵尚志、左权、张自忠、戴安澜……仅仅是其中有名有姓的代表，而前仆后继、慷慨赴死的无名英雄更是不计其数。14年的抗日战争大小战斗近20万次，中华儿女常常用步枪、手榴弹、土地雷和大刀、长矛对抗日本鬼子的机枪、大炮、坦克、飞机，乃至毒气。整排整连，甚至整营整团成建制地死战不退，无一生还的慷慨悲歌屡见不鲜。一寸山河一寸血，万里江山万里营。这里面有多少本文开头故事中年轻鲜活而没有留下姓氏的民族英雄啊！不正是凭借英雄儿女的血肉之躯才筑就我们新的长城，终令骄横一时的侵略者放下屠刀，低下罪恶的头颅，接受正义的审判吗？！

习主席把抗战精神概括为：天下兴亡、匹夫有责的爱国情怀，视死如归、宁死不屈的民族气节，不畏强暴、血战到底的英雄气概，百折不挠、坚忍不拔的必胜信念。这种抗战精神就是我们的民族精神，这既是我们取得抗战胜利，一扫百年沉沦的决定性因素，也是我们续写先辈辉煌，实现民族复兴的关键性支撑。

中国国防报　2016.11.29　有改动

---

① 毛泽东选集（第一卷）[M]．北京：人民出版社，1991．

夺强所恃必"破网"

——从美军测试"战术网络靶场"说起

据媒体报道,美国海军陆战队在去年(2014年)底开展的代号"大胆美洲鳄"演习中,测试了海军研制的模拟实战场景的"战术网络靶场"。此次展示的技术为通信情报／网络增强现实眼镜,演习人员无需信息过载便可开展信息战。增强现实眼镜将相关信息呈现在作战人员面前,以便其开展网络战,同时感知战场周围环境并操作武器系统。美海军战术网络特别项目官员称,"战术网络靶场"的目标是将网络空间训练扩展至无线电频率物理环境,更好地整合信息能力与传统作战,支持具有战术优势的任务目标。

美国是互联网的创始国,也是目前世界上唯一承认实施过网络战的国家,连续研发出包括"震网""火焰""舒特""网络数字大炮"等在内的3000多种病毒,拥有2000多种网络战武器系统,并不断出台关于网络空间作战的系列法规文件。自1993年美国国防大学培养16名第一代计算机网络战士以来,美国已建立全球编制最齐全、力量最庞大的网军:既有统领全军的网络司令部和各军种网络司令部,又在各战区组建了联合网络中心,专业作战部队覆盖陆、海、空三军,规模近9万人。美军不仅参与"防御壁垒""网络风暴""网络旗帜"等专项网络攻防演习,还在"红旗""山鹰""施里弗"等传统军演中加入网络对抗内容,以验证其网络部队在跨域联合作战中的效能,力求确保其在网络战领域的绝对优势。

信息化战争质的规定性是电子技术无所不在的渗透和网络技术纵横一体的支撑。美军战斗力之"强",首先和决定性的表现为信息能力"强"。而信息战是柄双刃剑。作为全球信息化程度最高的国家,美国拥有世界上最先进、最庞大的信息系统,对信息网络的依赖性大,其网络空间面临的安全隐患当然也相应更大。据统计,美国每年因网络安全造成的损失达170亿美元以上。经历了"9·11"袭击后,美军这部几乎全面信息化、网络化的军事机器,进一步加强了对"非对称战争"的关注,更加重视信息系统安全,把确保信息系统安全列为国家安全战略最重要的组成部分之一,采取了一系列旨在加强网络基础架构保密安全方面的政策措施和技术手段。尽管如此,其网络信息安全领域仍存在许多防不胜防的"阿喀琉斯之踵"。

美军将领中流传着一句口号:"绝不让自己的部队陷入一场'公平的战斗'"。从美海军陆战队测试"战术网络靶场"等一系列举措中不难看出,强大网络支撑下,复杂系统表现出的整体涌现性是发达国家信息化军队的最大优势。这等于告诉对手:对抗强敌,"破网断链"是夺其所恃、迫其接受"公平战斗"的基本着眼点。用系统思想和系统方法去分析问题,不难找到制胜的方向和枢机。

俄罗斯专家认为:破坏性进攻的耗费,一般不到建设性投入的5%。我们当然也应该参照发达军队做法,积极建设国家级网络对抗靶场,抓好常态化演练。但更应该从我们的实际出发,深化"以攻促防、以攻助防、以攻验防"思想。坚持以攻为主发展网络对抗手段,加大攻击技术投入,加强攻击力量建设,以独创技术打造实战能力,以非对称方式寻求破敌之策,形成全新的战略威慑理论。建立以隐蔽渗透、控制利用和攻击破坏为重点的网络作战系统,以干扰卫星、数据链等为重点的陆、海、空、天、电、网相结合的电子战系统。关注量子技术、物联网、云计算和大数据等新技术在网电对抗领域的运用。着眼破敌战争潜力信息网,筹谋战略网络战,通过互联网渗透敌关乎国家政权巩固、社会稳定和经济运行的关键信息网络,必要时扰乱其社会秩序和经济运行、削弱其战争潜力、动摇其战争意志;着眼破敌军事信息网经略战场网络战,坚持有线接入和无线突入相结合,路由器攻击、数据库破坏和渗透接管等多法并举,瘫痪或控制敌战场信息基础设施和指挥控制系统,限制敌在网络空间的行动自由。

网电空间早已成为"狼烟四起"的新战场,所谓"防人之心不可无",对该领域日趋炽烈的战略博弈任何时候都不可掉以轻心!

中国国防报　2015.1.20　有改动

装备发展的合理化思路

——不能不算的经济账

迫击炮被许多人认为就是一个"能冒烟的铁管子"，是陆军造价最低、最简便的战场用炮，但存在射速低、精度差的弱点。"二战"中，德国对迫击炮不大重视，产量也不多，苏联却将其作为一线的重要武器，大量生产装备。苏德战争期间，德国生产了18万门迫击炮，苏联却生产了80万门。苏军采取集火射击的方式，动辄就在突破点上集中上千门迫击炮，用大面积火力覆盖杀伤并震慑对手，取得了显著战果。苏联在卫国战争中坚持"简单武器就是好武器"的观点，大量生产简单廉价的武器，与德军的精良装备形成了鲜明对比。

卫国战争初期，苏联曾列装性能不错的托加列夫半自动步枪，后来发现这种枪成本高，而且结构复杂，故障率也更高些，便索性停产这种新枪，转而大量生产四十多年前设计的老式莫辛·纳甘手动步枪，共生产了1000万支。舍弃"自动"而改用"手动"，这种看似"倒退"的做法却节省了费用，满足了大规模装备部队的需要。包括苏联的波波莎冲锋枪，虽然外形粗糙、构造简单，远不如德国冲锋枪精良，但价格低廉，苏军共生产了700万支，数量是德军的4倍。冲锋枪适合近战，不需精确瞄准即可扫射，用"弹雨"打倒敌人。仓促应征的苏军士兵训练时间有限，大量装备冲锋枪能在最短时间内形成战斗力。

激烈残酷的苏德战争持续了四年，苏军虽然人员伤亡更大，但因为更多的武器生产，最终赢得了胜利。希特勒鼓吹日耳曼民族是最优秀的民族，能生产出最好的武器，德国制作考究、造价不菲的"精英"武器终究被苏联"白菜价"的"群众化"武器击败。实践证明，苏联的武器装备生产原则确有可取之处，尤其在经济实力、科技水平不如对手时，数量优势就显得更为重要。

根据"兰切斯特方程"，质量是一次方关系，数量则是二次方关系。如果苏联有4万辆坦克，美国仅有1万辆，要想抵消苏联4:1的数量优势，则美国坦克的性能必须达到对方的16倍。这显然是不现实的。所以质量不能轻易取代数量，没有足够的数量也无从谈质量。冷战时期，以美国为首的北约一度想以武器装备的质量优势抵消华约集团的数量优势，未果，后来不得不回头增加数量，这个历史教训值得记取。

信息化时代的今天，"质量第一"的重要性，尽人皆知。海湾战争和伊拉克战争表明：武器装备性能取得"代差"优势后，"质量"压倒"数量"，已成不争的事实。而如果没有形成"代差"优势，数量上差距太大，全靠质量去抵消则是困难的。相反，稍逊却堪用的质量，加上够用的数量，仍能形成强大战力，甚至对敌构成威慑。例如，某型导弹的命中精度为90%，要想在短期内将精度提高到99%难度极大，但实战运用中，对同一目标同时发射两枚导弹即可获得99%的命中率，这个方案不难实现。

早在20世纪70年代，美国预警系统负责人，F-117隐身战机之父里奇就反复强调："我们尝试创造的新技术应是当前的能力或者通过合理开支可以获得的，否则将是毫无意义的消费。"质量优势意义重大，但要做到质量"最优"，谈何容易！连科技最发达的美国也认识到"我们不能总处于科技领先，这种代价是巨大的"。近年来，美国改变一味追求"高精尖"的做法，更加注重武器装备实用性，中止部分"用不上、用不起"的武器系统研制或采购项目，如停止生产F-22"猛禽"战斗机，取消转型卫星通信系统研制计划、陆军未来作战系统项目、CG（X）巡洋舰计划等；升级改造现役甚至老旧装备，延长服役期，如对B-2和"寿星"级的B-52进行多项升级，收到了较好的费效比。

我军装备发展当然要追求高质量，但"质量"的概念不能泛泛而谈，不能离开作战对象、使用环境和作战范围，更不能脱离自身国情、军情的实际谈质量。系统科学的"次优化原理"告诉我们，各项指标全部"最优"，代价太大，不太现实，也往往难以达成整个系统"最优"，必须精心权衡妥善取舍。不自弃，不比宝，独辟蹊径，有所为有所不为。既不能没有"高层建筑"，也不能全搞"高层建筑"。要算好经济账，谋求质量和数量的平衡发展。

中国国防报　2014.12.30　有改动

创造性地用好手中武器

——想起了"莫洛托夫鸡尾酒"

1939 年底，苏芬战争爆发。苏联先后投入了近百万大军，约 3000 辆坦克。而芬兰只有 15 个师 10 余万正规军，60 辆坦克且严重缺乏反坦克火器。尽管苏军在实力上占有绝对优势，但战争过程并未"一边倒"。芬兰军民充分发挥聪明才智，以小博大，屡屡重创强敌。尤其是芬军发明了一种被称为"莫洛托夫鸡尾酒"的土炸弹，他们把煤油、焦油和汽油按比例混合装进酒瓶，在瓶口塞入布条，作战中点燃布条，将酒瓶投向苏军坦克尾部，因为苏军坦克尾部备有额外的 227 升油箱，燃烧瓶极易引爆油箱烧毁坦克。用这种简陋，甚至原始的武器，芬军摧毁了对手 1600 余辆坦克。苏芬战争中，"莫洛托夫鸡尾酒"给苏军造成的杀伤比任何"高大上"装备取得的战果都不遑多让。

马克思主义战争观告诉我们，武器装备是战争和军队建设的重要物质基础，是实现暴力的基本物质手段，是决定战争胜负的重要因素，但不是决定因素。决定战争胜负的是人不是物。因为枪自己是不会动的，需要由勇敢的心和强有力的手去使用它们。历次中东战争，阿拉伯军队的损失都远高于以色列。有人将其归咎为阿军装备的苏制武器性能逊于以军装备的西方武器，以军骄傲地回应："即使互换手中武器，我们照样能打赢。"1976 年，以色列空军为外国武官表演再出动能力。20 架算不上先进的秃鹰飞机从第一组双机着陆，经加油、充气、挂 10 枚炸弹，到最后一组双机起飞，总共用时 7 分钟，将以军娴熟的技艺和高超的素养展示得淋漓尽致。连当时的埃及总统纳赛尔都惊呼："以色列空军力量比其编制兵力大 3 倍以上！"

现代战争，高新技术武器装备层出不穷，发挥的作用也越来越大。但装备发展是一个永无止境的动态过程。随着装备更新换代的成本不断提高，任何一个国家都不可能全面而频繁地更新武器装备，只能有针对性、有重点地逐步推进。这就决定了任何军队的装备都始终存在新老搭配、几代同堂的局面。高技术兵器尚未成熟或大量列装前，主战力量往往还是由老式或较老的武器装备构成，熟练掌握现役装备，用好主战力量，是克敌制胜不可或缺的必要条件。

强调立足现有装备打仗，不是一种无奈，而是一种必然。英阿马岛战争，阿根廷虽然战败，但其空军敢打敢拼，重创强敌，举世瞩目。人们往往津津乐道阿军用价值20万美元的"飞鱼"导弹击沉了造价高达2亿美元的"谢菲尔德号"导弹驱逐舰，却不该忽略，英勇的阿根廷飞行员采取超低空掠海接敌、平桅轰炸的战法，用价值不足5000美元的MK-80普通炸弹和价值1.3万美元的激光制导炸弹取得了更辉煌的战果：先后炸沉英军"考文垂号"驱逐舰，"羚羊号"和"热心号"护卫舰以及"加拉哈德爵士号"登陆舰。即便被称为高技术武器试验场的海湾战争，取得决定性胜利的美军用的也不都是新武器，仍有70%左右的装备是20世纪六七十年代列装的，包括一些出尽风头的高技术装备，如"战斧"巡航导弹、F-117隐形战机等，也都服役了近十年，属于现役装备。

　　中国人民解放军战史就是一部以劣胜优的光辉历史，无论土地革命战争、抗日战争、解放战争，还是抗美援朝战争，我们的装备都落后于对手。之所以能战胜强敌，一个重要原因就是创造性地用好了手中武器。神炮手赵章成操纵迫击炮，在没有瞄准具、炮架、座钣，只剩光溜溜炮筒的条件下，指哪打哪，甚至用迫击炮平射摧毁日寇碉堡；神枪手张桃芳凭借一支普通步骑枪，在32天内用436发子弹打死打伤214名敌人，创造了志愿军冷枪杀敌的最高纪录。可见，熟练掌握加上巧妙运用，一般武器甚至劣势装备也能成为破敌法宝。当然，作为唯物主义者，我们在反对"唯武器论"的同时也反对"唯意志论"，尤其信息化条件下，必须承认，武器装备先进的一方更容易打赢，装备劣势的一方取胜则困难得多。对国家而言，"打什么仗就要发展什么装备"，要积极设计研发高新武器装备，努力走在先进国家的行列；对部队而言，则是"有什么装备打什么仗"，要立足现有装备，练技术、练战术、练指挥、练协同，把手中武器的效能和潜力发挥到极致，不断提高打赢本领。

中国国防报　2014.12.16　有改动

恰当彰显实力和决心

——俄罗斯重启"死亡列车"有感

近日，有网友拍摄上传了一组俄罗斯退役 SS–24 导弹列车的照片，该武器系统的良好状态引发世人关注。20 世纪 70 年代末，苏联开始研制 SS–24 铁路机动战略导弹系统。1982 年首次试验，1987 年定型服役。SS–24 导弹发射列车外形与普通货运列车相似，通常由 20 节车厢组成，包括牵引单元、指挥通信单元、生活单元、保障单元和发射单元。列车携 3 枚 SS–24 导弹，每枚导弹可配 8～10 颗分导式核弹头，每颗弹头的爆炸威力约为 10 万吨 TNT 当量，杀伤力之强令人闻之色变。SS–24 导弹列车因此被西方称为"死亡列车"。

2005 年，国力大减的俄罗斯宣布拆除 SS–24 导弹系统，"死亡列车"似乎退出历史舞台。然而数年之后，为了应对咄咄逼人的美国反导系统和"全球快速打击"计划，一度远去的"死亡列车"缓缓驶回。综合多方面报道，国力有所恢复的俄罗斯正在努力加强核力量。今年（2014 年）初，俄战略火箭兵司令表示，俄罗斯计划在 2014 年上半年完成铁路机动导弹作战系统的初步设计。新型铁路机动战略导弹系统可能使用现役的亚尔斯导弹或在研的"突破"新型固体推进洲际导弹，并将采用新的列车技术，系统的集成程度和自动化程度也会进一步提高。俄境内可供导弹列车穿行的电气化铁路约 12 万千米，沿途还有数百个铁路涵洞可供隐蔽，铁路机动战略导弹系统昼夜行驶超过 1000 千米，能在行程中随时发射。一旦纳入战略火箭兵战斗编成，凭借较高的生存性和恐怖的杀伤力，导弹列车将成为俄罗斯反击作战群的中坚力量。

兵圣孙武说"故用兵之法：无恃其不来，恃吾有以待也；无恃其不攻，恃吾有所不可攻也"。"死亡列车"重出江湖再次提醒我们：所谓"狭路相逢勇者胜"，即使面对强大的对手，彰显"玉石俱焚"的实力和决心，以"共死"谋"同生"也不失为高明的一招。可以百年无战争，不可一日无战备。瑞士就是一个典型例子。"二战"期间，德国法西斯的铁蹄肆虐欧洲，面对希特勒的战争威胁，瑞士一天之内动员 43 万大军，并迅速进入作战阵地，显示了坚强的抵抗决心和实力，德国经过计算，发现进攻瑞士至少要付出 100 万人的代价，最终不得不放弃了入侵计划。与之相反，很多大国强国战备意识不强，或者战备工作落实不好，在对手的突然袭击中损失惨重。包括英、法和苏联都吃过大亏，美国的珍珠港之辱也尝足了疏于戒备的苦果。所以国家的全体公民都要建立高度的战备意识，军人尤其应该枕戈待旦。

冷战结束后，尽管和平与发展成为时代主题，但霸权主义和强权政治仍奉行弱肉强食的丛林法则。我们面临着一个真实而非虚幻的世界，当战争不可避免地被强加到头上时，仅仅具有反战的心态远远不够，还必须具有迎战的决心和实力。安全来自实力，尊严来自实力，和平也来自实力。落后就要挨打，崛起必遭遏制。我国是当今世界上唯一没有实现统一的大国，又是历史遗留的领土和领海争端较多、海洋权益不断遭受蚕食的国家，要实现强国梦、强军梦，实现中华民族伟大复兴，必须有强大的军事实力作支撑。当然，与有的国家企图"继续领导世界100年"的战略目标不同，我国追求的是"和平崛起"，是做"负责任的大国"。我们既无可能也无必要穷兵黩武，与别国展开全面军备竞赛。能给来犯之敌造成无法承受的损失，能够有效维护国家主权和发展安全，以战止战，以慑止战就是我们国防建设的基本目标。

美国前国务卿基辛格指出，威慑包括三个要素：力量、使用力量的决心和让对手知道。俄罗斯重整军备的力量建设有目共睹；反制北约东扩和美国霸权的坚定决心毫不含糊；"网友"拍摄并上传"死亡列车"照片，展示其"凛不可犯"的"神来之笔"尤其耐人寻味，发人深思。

中国国防报　2014.9.30　有改动

聚焦军事变革的下一个浪头

——从"海燕"研发谈"无人化战争"准备

报载，由天津大学自主研发的水下无人滑翔机"海燕"已通过测试，并创造了国产水下滑翔机无故障航程最远、时间最长、工作深度最大等诸多纪录。"海燕"采用了最新的混合推进技术，融合了浮力驱动与螺旋桨推进。它形似鱼雷，长1.8米，直径0.3米，重约70千克。在近期的南海测试中，"海燕"连续运行时间超过21天，最大工作深度1094米，最大水下推进时速约6千米。

"海燕"可被改造为新一代水下战斗/巡逻机器人，这种水下机器人有望成为一种作战平台。增大版的"海燕"能搭载大型传感器，探测远距离的蛙人、水雷和潜艇，提升水下侦察能力。装备了武器的"海燕"还可以像鲨鱼一样在港口、码头或钻井平台四周巡弋，一旦发现敌人靠近，则自动发起攻击，这种武装版"海燕"或许能够有效制敌"蛙人"的袭扰战术。

美国安全研究中心最新出炉一份题为《为机器人时代战争做准备》的研究报告。报告称"机器人时代战争已经不是科幻小说"，强调对美国及其盟友、伙伴和对手而言，在新的时代里，无人系统和自动武器系统将在未来战争中扮演核心角色，呼吁美国必须为此做好准备。

尽管目前还无法准确预测这一全新战争模式完成装备的时间，但美国在该领域的实践及进展有目共睹。早在20世纪90年代美国就宣布要建立一支"机器人军队"，并计划2015年前用机器人士兵担负三分之一的地面战斗任务。2007年，美陆军第29步兵师举行了一场"机器人战争演习"。伊拉克和阿富汗战争中美军已有10余种机器人在"服役"。英军、法军、俄军等也纷纷提出准备打一场"无人化战争"的口号。

从海湾战争以来的近几场局部战争看，科技进步使得"军事艺术已经走到两个时代的结合点"，人类战争到了新的转折处，传统大兵团决战的血腥对抗已走向终结，无人化战争的脚步声铿锵而至。尤其一线的无人化作战，已经成为信息化战争的新特点，其比例在实战中不断提高。聚焦军事变革的下一个浪头，必须对无人作战平台予以高度重视，将其作为一种首选或必选的作战力量运用，同时列为指挥控制的重点要素。操控无人平台作战，是我们在21世纪必然面对的新型作战形态。在较长一段时期内,真人作战与操控无人地面作战平台、空中作战平台、水面(水下)作战平台并存。操控无人平台作战的部队需要与传统部队精确协同。同时,无人作战平台群也应具备越来越强的自组织作战能力,即无人平台群体要能够自行发现目标,自行组织群体机动,自行发起攻击,自行处理部分战场情况……

"海燕"通过测试标志着我国在研发、备战无人化战争领域迈出了坚实步伐,但与世界强国相比,差距显而易见。诚如李炳彦将军所说,当变革的浪潮汹涌澎湃时,"我们需要更新、更勇敢的头脑",去思考后发之军的"跨越"之路。

中国国防报　2014.9.10　有改动

反常用器的启示

——从"鱼雷摧毁迫击炮阵地"说起

众所周知,鱼雷是海战利器,但"二战"中,水底"蛟龙"也曾出敌不意地抢滩登陆,上演了一场精彩纷呈的"龙虎斗"。

1943 年 9 月,苏德战场上,苏军北高加索方面军为解放新罗西斯克和塔曼半岛,准备与黑海舰队协同进攻,歼灭德军。战役筹划阶段,苏军发现夺占新罗西斯克港有困难:德军在又高又厚的防波堤后面修筑了迫击炮和大口径机枪阵地,因为防波堤的阻挡,舰炮打不着这个阵地,而德军防空力量很强,也不能用飞机去轰炸。苏军为此多次召开作战会议,讨论如何以最小的代价摧毁德军防御工事。一位舰长提出,可以用鱼雷攻击迫击炮阵地。这个匪夷所思的想法逗乐了很多人,但舰长坚持己见,因为在一次演习中,他亲眼看见一枚鱼雷冲上沙滩,并向前滑行了 20 多米。该提议引起了指挥员的重视,下令成立专门小组,研究"鱼雷登陆作战"。最后,苏联兵器专家改装了鱼雷,制造了一种合适的引信,使得鱼雷能够飞过防波堤,在上陆的最远点爆炸。战斗打响后,苏军一个中队的鱼雷艇,对着港内防波堤发射了几十枚鱼雷,这些鱼雷冲出水面,越过防波堤,把德军迫击炮和大口径机枪阵地炸得七零八落。苏军很快占领了港口。

兵圣孙武说:"凡战者,以正合,以奇胜。"通常作战是以正兵当敌,出奇兵取胜。奇与正是军事谋略学中的重要术语,一般来说,常法为正,变法为奇。在兵力使用上,担任正面守备任务的部队为正兵,担任机动作战、翼侧突击的部队为奇兵;在作战方式上,实施正面进攻、暴露的进攻为正,实施迂回、侧击、伏击、偷袭为奇;在作战方法上,按一般原则和通常的战法为正,反常用兵、反常用器、运用特殊战法为奇。冷兵器时代,科技发展比较缓慢,优秀的军事家们往往通过运用逆向或发散思维破除常规,从反常用兵的角度考虑进而出奇制胜。孙膑减灶诱敌、韩信背水列阵等都是例证。

信息化条件下,科技发展日新月异。当今世界正处在一个新军事科技成果群体井喷的时代。一些新概念、新机理技术正孕育着重大突破,可能产生一个质的、断代式的飞跃,进而彻底改变未来竞争格局。高超音速空天飞行器试飞成功,电磁发射技术能以低廉的成本将致命的火力高密度地投送到数百千米之外,激光武器和微波武器则引领着定向能武器的发展……除"打击革命"外，物联网引发的"感知革命"、云计算引发的"计算革命"、量子隐态传输技术引发的"通信革命"均已在军事应用领域初露端倪。对此类新技术、新装备的运用切不可等闲视之，既要充分学习掌握其技术机理，更要深入研究发掘其战术运用。

"信息化时代只有想不到的，没有做不到的。"鱼雷登陆的战例再次提示我们：军人的头脑尤其要警惕思维定式，未来的唯一可预见之处就是其不可预见性。我们既要善于出奇制胜，不要走对手期待的路线；同时也要时刻琢磨，对手可能在哪些方面出奇，我们如何应对。

中国国防报　2014.6.17　有改动

重视发展非对称制胜装备

"工欲善其事，必先利其器。"自从有了战争，武器历来是战斗力的重要组成，不论是冷兵器时代对付"拐子马"的"钩镰枪"，还是"二战"中日军为偷袭珍珠港改造的浅水鱼雷，包括第四次中东战争埃军为克服沙堤障碍进口的高压水龙，都为夺取胜利提供了重要保证。

未来战争对抗强敌、以劣胜优要力避与敌在其占优势的领域作狭路相逢之争，坚持"你打你的，我打我的"，不仅要积极探索、创新非对称制胜战法，也要积极研发、改造非对称制胜装备。

所谓非对称制胜装备，"就是能够支撑我主观能动作用发挥，支持我'奇胜'战法运用，支起我以劣对优、克敌制胜战局的武器装备"。这类装备不一定需要超前的概念、领先的技术、复杂的系统，也不一定局限于枪对枪、炮对炮或你攻我防的一一对应，出其不意的批亢捣虚往往能"四两拨千斤"。英阿马岛战争，阿军用价值20万美元的"飞鱼"导弹击沉英军造价高达2亿美元的"谢菲尔德号"驱逐舰。2011年，伊朗用GPS干扰器成功俘获美RQ-170无人机。这些都是凭借非对称制胜装备表演的精彩活剧。

打什么仗造什么枪，发展非对称制胜装备必须加强顶层设计，选准方向，突出重点，"你造你的，我造我的"，有所不为才能有所为。首先要透彻把握对手的优势、弱点。信息化战争质的规定性是什么？就是电子技术无所不在的渗透和网络技术纵横一体的支撑。强敌最大的优势是其复杂系统表现出的整体涌现性，"打要害、破体系"是我夺敌所恃、破彼之强的基本着眼点。俄罗斯专家认为：破坏性进攻的耗费，一般不到建设性投入的5%。例如，纳米技术解决了计算机微型化问题，袖珍兵器可以大显神威。微型机器人既可悄然潜入敌空军基地，破坏其飞行管制与雷达导航系统，也可顺着光缆涵管找到敌数字化指挥控制节点，视情发动破网断链的软、硬攻击。又如，目前西方某大国各种装备和武器平台上的GPS接收机数量不下10万台，美军前参谋长联会议主席表示："如果没有GPS系统的支持，美国甚至连一场战斗都无法取胜，更谈不上打赢一场战争。"积极研发GPS干扰器材或许也会令强敌头疼不已。相对而言，此类装备投入较少，费效比却很高。

　　重视顶层设计不等于闭门造车，搞"拍脑袋决策"。军队的基础在士兵，士兵是武器装备的直接操作者，是军队感应的神经和信息的接口。苏沃洛夫说四个上等兵就是一个将军；毛泽东称最聪明、最有才能的，是最有实践经验的战士。古今中外，很多技术革新、武器发明都是那些在战场上浴血苦战的士兵们发挥首创精神的结晶。抗日战争时期，令鬼子心惊胆战、步步狐疑、进退维谷的地雷战就是群众智慧的集中体现。所以研发非对称制胜装备过程中，重视"基层设计"的反馈呼应，调动广大官兵的参与热情，集智攻关，充分论证，完善细节，才能令顶层设计落地生根、开花结果。

中国国防报　2014.8.27　有改动

"绿茵场爆冷"的启示

2012 年伦敦奥运会男足决赛，首次闯入决赛的墨西哥队，对阵拥有内马尔、马塞洛和帕托等巨星球员的巴西队。赛前很少有人看好墨西哥队，以为这场球赛会成为巴西明星球员的集体"桑巴"，只要比赛一打响，必然出现"一边倒"。

孰料，开场仅 29 秒，墨西哥队就攻入一球。而阵容豪华的巴西队，后防漏洞百出，进攻鲜有建树。倒是赛前不被看好的墨西哥队，不论攻防都可圈可点，表现出色。最让人不可思议的是，巴西队两位"大腕"球员居然在场上发生争执，令球迷大跌眼镜。最终，墨西哥队 2∶1 扳倒星光耀眼的巴西队。

个人力量如此强大的巴西队为何遭遇失败？一位体育评论员一针见血：巴西队似乎人人都想成为主角，结果谁都不能成为主角。

一支十余人组成的球队，人人都要当主角，肯定危机四伏。个人英雄主义及彼此间的不配合、不妥协都将严重削弱团队的整体战斗力。

"体育是和平时期有礼仪的战争。"足球作为集体竞技项目，不仅需要贝利、马拉多纳那样有天赋的射手，更需要所有队员高度自觉的全局观念和配合意识。在双方激烈角逐的有限时空，胜率最高的，往往不是个人技术最好的，而是团队意识最强、配合最为默契的球队。绿茵场上的追奔鏖斗，恰如一盘惟妙惟肖的兵棋推演。

军队强调集中统一和全局意识更甚于绿茵场。解放战争，我军以少胜多，以弱胜强，以小米加步枪应对美械装备武装到牙齿的 800 万蒋军，且构成摧枯拉朽之势，一个重要原因是，共产主义信仰赋予我们远胜对手的团队意识和牺牲精神。而国民党军队则各怀异志，相互勾心斗角。辽沈战役，没有塔山方向不计代价、艰苦卓绝的拼死阻援，我们绝难顺利夺取锦州实现关门打狗的战略目标。孟良崮战役，外围之敌若全力支援，国民党"五大主力"之首的整编第 74 师也不至全军覆没。拿破仑曾说"2 个马木留克骑兵绝对能打赢 3 个法国骑兵……而 1000 个法国骑兵总能打败 1500 个马木留克骑兵"。这种正反逆转也在普遍意义上生动直观地反映了训练有素的团队力量。

早在公元前 384 年，亚里士多德就提出了整体不等于部分之和的重要论断。其实也就是我们"龙多了可能多下雨，也可能不下雨"的俗理哲言。基于信息系统的体系作战，既不是单个作战单元、作战要素间的对抗，也不是单个军兵种间的对抗，而是由诸军兵种作战力量集成为涌现性明显的两个复杂系统之间的对抗，成败的关键就在于能否通过"整合""聚合""融合"获得较为理想的整体涌现出的结构能。"整合"就是对各类作战力量、作战资源进行优化组合，调整改造诸军兵种力量单元和作战体系诸要素的建构方式；"聚合"就是凭借系统，实现目标探测、跟踪识别、指挥控制、火力打击、作战机动、战场防护等作战功能的一体化；"融合"就是对作战力量结构进行"基因重组"，使陆、海、空、天、电等各作战单元融合集成，从而最大限度地发挥整体作战效能。

各级指战员都应深刻认识：体系作战没有"主角""配角"之分。我们追求的是全局胜利，其中包括局部的牺牲。现代战争的任何局部都可能牵一发而动全身，只有明确上级总的战略意图，明确各自承担的任务及对整个作战的意义，充分发挥主动性和创造性，正确地与友邻部队协同作战，合力破敌，才能不辱使命，创造"能打仗，打胜仗"的时代辉煌。

中国国防报　2013.9.26　有改动

从"二战"中的"围魏救赵"说开去

"二战"期间，欧洲战场对抗非常激烈。为打破德军对欧洲大陆的空中控制，盟军统帅艾森豪威尔准备集中空军力量正面出击，在英吉利海峡上空迫近战斗，击败德空军主力，夺取制空权。盟军的力量优势为这一方案提供了必要的物质基础，但毫无疑问，大机群空战，胜方也难免付出沉重代价。盟军将领史巴兹就此提出不同意见：放弃正面进攻，派出空袭分队直接攻击德国本土，轰炸德军石油运输线和炼油设施，迫敌空军回防。

石油是现代战争的血液，飞机、坦克没有燃料就成了废铁。艾森豪威尔决定给史巴兹一个机会，让他先试试看。结果，没等史巴兹的航空队向德国本土的石油供应线和炼油厂投下多少炸弹，德国空军高层就慌了神，很快指示，集结空军力量，誓死保卫本土。

盟军未经苦战逼退德国空军，掌握了英吉利海峡的制空权，既保护了战略后方，也为日后反攻创造了有利条件。史巴兹的思维方式与中国古代军事家孙膑的想法不谋而合，此战堪称"二战"中的"围魏救赵"。

信息化条件下作战，"围魏救赵"仍大有可为。攻其必救本质上反映的是对战争主动权的夺控，要千方百计避强击弱，"致人而不致于人"。强敌就像一头猛兽，不能与它的牙齿、爪子硬拼，否则就是自找失败。要设法攻击它的大脑、心脏和尾巴。如果说指挥员、司令部是一支部队的大脑和心脏，防范比较严密，那么运输车队、弹药库、油库、补给基地等就可以看成部队的尾巴。信息化战争对后勤保障要求越来越高，尾巴越来越大，很容易遭到打击，一旦遇袭，就严重影响作战能力，因而日益成为对抗中弱小一方非对称作战的重点目标。伊拉克战争中，伊军吸取海湾战争的教训，加大对美军后勤补给线的破坏，不仅一度迟滞了对手的进攻节奏，而且取得生擒美军士兵的战果。

想在战时拥有"围魏救赵"的眼光和能力，平时就必须加强研究，预有准备。应根据潜在对手的优势与弱点，自己的国情、军情、发展目标及国际环境，做好"矛"与"盾"的合理配置、"攻"与"防"的有机结合，集中力量发展确实能对强敌构成威慑的"杀手锏"。战史上有很多没被突破的防线，现实中却没有突不破的防线。"甲厚壕深不足以慑敌却敌，刀锋矛利、弓硬箭远才更可能令对手敬而远之。"尤其信息化时代，无论空袭反空袭，还是赛博空间对抗，进攻都比防御主动、简单和经济得多。没有批亢捣虚的攻击力量，就不可能有面面俱到的固守资本。

"二战"中抵抗意志顽强，号称"永不屈服"的南斯拉夫，在 20 世纪末科索沃战争中，被动挨打，退敌乏术，最终被迫签订屈辱的城下之盟。惨痛的教训，同样值得我们记取。

解放军报　2013.2.28　有改动

从美军放弃 XM25 榴弹枪说起

美《陆军时报》网站近日报道，上个月（编者注：2013 年 3 月），XM25 榴弹枪又导致一名驻阿美军在训练中受伤。至此，这一研发漫长、消耗巨大、原准备 2014 年大规模装备部队的轻武器终于不幸夭折，结束了战地评估试验，退出现役。

XM25 的设计初衷是为了满足美军在伊拉克和阿富汗的作战需求。不论城市、山地，都有大量人工或天然掩体，武装分子"打一枪换一个地方"的游击战令美军防不胜防。常规轻武器威力有限，炮兵或空中火力支援又难以保证时效性，于是美国陆军决心加强主战轻武器研发，XM25 榴弹枪应运而生。

XM25 全称"对付遮蔽目标交战系统"，重约 18 磅，功能相当于 M16 步枪和 M203 榴弹发射器的集成。德国 H & K 公司历时近 10 年、耗资数十亿美元研制而成，号称集"巷战利器""聪明榴弹""步兵革命""惩罚者"等美誉于一身。该枪配有红外和光学复合瞄准系统，整合了激光测距仪、弹道计算机、罗盘和显示器，可发射 25 毫米榴弹和空爆弹，还配备穿甲弹、反步兵弹和非致死性弹药。使用空爆弹时，直接杀伤概率是现有武器的 5 倍，并可在 16～600 米范围内全方位射击。射手可选择空爆（空中爆炸）、点爆（接触物体爆炸）、延迟点爆（穿透遮蔽爆炸）和窗口爆（在瞄准点后侧爆炸）4 种开火模式。因其能够"隔墙杀伤"，有效打击隐蔽之敌，美军曾骄傲地称之为"改变游戏"的利器。功能不可谓不全，科技含量不可谓不高！

遗憾的是，这种精度堪比狙击枪、威力接近小钢炮的高科技装备，刚到前线就表现出严重的"水土不服"。高度智能化的 XM25 榴弹枪在保障有力的美国本土及其他发达地区评估时，枪况良好，表现完美，曾一度被吹得天花乱坠。但在沙尘暴肆虐、几乎没有维修保障的阿富汗前线，故障率立即大幅攀升，且先有士兵在安装榴弹引信的过程中遭遇意外，紧接着又有士兵在训练中受伤，最终不得不黯然退役。

高科技武器系统的复杂性与可靠性相反相成。功能越多，结构就越复杂，可靠性就越难保证。有专家测算，当航天器的整体可靠性达到 99.9999% 时，才有较大把握发射成功。而把这样一个安全指标落实到某一具体元件上，其可靠性的要求必须达到小数点后 14 个 9。即抽检 10 万亿个相同元件，次品不能超过 1 个，苛刻程度令人瞠目。难怪代表当今世界现役战斗机最高技术水平的 F-22，尽管性能超群，但价格惊人，故障频出，实际使用中整机可靠性和任务执行率远低于预期，导致计划产量一减再减，最终停产。而且，缘于安全性方面的问题，基本上是部署到哪里，哪里民众的反对和抗议就接踵而起，几乎从未间断。"低不就高不成"的现实悖论说明，过于偏执地提高系统科技含量，追求"绝对优势"，未必都能立竿见影收获"整体大于部分之和"的功能涌现。特别是某些尚未成熟的新技术添加不当，反而会埋下不稳定和不可靠的隐患。

XM25 遭遇的尴尬让人联想起越战中，许多美国士兵一旦缴获 AK47，立马毫不犹豫地丢弃手中故障频发的 M16，原因很简单，AK47 可靠耐用。这就再次提醒我们，进行装备研发时必须兼顾武器系统的可靠性和先进性，尽可能在确保可靠性的前提下扩展先进性。力争以简单性原则调整功能与结构间的矛盾，首先集中力量解决"致人而不致于人"的基本功能。

中国国防报　2013.4.15　有改动

军事上的"元无知"更可怕

1995 年，美国一名劫匪一小时内连续抢劫了两家银行。调取监控录像后，警察惊讶地发现，这个劫匪居然在光天化日之下端枪直指银行柜员，不仅没戴面罩，甚至连蒙面的丝袜都没有。根据清晰的体貌特征，警察很快将罪犯抓捕归案。面对警察的审讯，劫匪道出缘由，原来他偶然得知柠檬汁可以制成隐形墨水，由此想当然地认为涂了柠檬汁后摄像头便拍不到他。不料隐形未遂，转眼间束手就擒。这名劫匪当年就登上世界最蠢罪犯的榜单。

后来，康奈尔大学心理学教授大卫·邓宁注意到这个案例，研究总结出一条普遍规律：越是缺乏知识和技巧的人，越意识不到他们缺乏知识和技巧，不知道自己的无知，就叫"元无知"。

"元无知"令人在浑然不觉中渐渐落后，甚至信心满满地走向失败。此类教训在社会各行当、各领域都不鲜见。军事领域因为你死我活的残酷竞争，"元无知"的后果往往更可怕、更致命。

19 世纪初，在欧洲大陆所向披靡的拿破仑，海战中却屡战屡败。此时，美国青年工程师富尔顿来到这位天才皇帝面前，建议法国海军砍断桅杆、撤掉风帆，用蒸汽机作动力建造铁甲舰。面对这一历史性机遇，炮兵出身、酷爱学习、知识渊博，对军事科技也不乏敏感的拿破仑却陷入"元无知"的泥淖，固执地认为，船没有帆就不能航行，木板换成钢板就会沉没。将富尔顿的提议视为天方夜谭，断然否决，痛失良机。结果，法军海上实力大大落后于英国，面对英吉利海峡一筹莫展，最终输掉欧洲争霸战争。

1939 年，美国总统罗斯福的私人顾问萨克斯受爱因斯坦等科学家委托，劝说罗斯福重视原子能研究，务必抢在纳粹德国之前造出原子弹。罗斯福不懂核物理，爱因斯坦的长信、科学家们关于核裂变发现的备忘录都未能打动他。面对态度冷淡的总统，萨克斯最后举出拿破仑拒绝富尔顿提议导致失败的反例。似懂非懂的罗斯福认真思考后，转而全力支持核研究。美国的"曼哈顿"工程后来居上，抢在纳粹德国之前研发出具有划时代意义的原子弹。

当今时代，科学技术越来越呈现出多层次、多维甚至无穷维和系统相关性的特点，人类已置身于一个"技术化生存"的社会环境。对科技的现状和发展认识不清，把握不准，极有可能在懵懂中被淘汰。诺基亚被微软收购时，有句话广为传播："我们没有做错什么，但不知为什么，我们输了。"因循守旧、昧于大势、不思进取难道不是错吗？这也是典型的"元无知"。只是这种"元无知"错误，比大卫·邓宁定义的"元无知"付出的代价更大、教训更深刻。

科学技术不仅是推动社会进步的第一生产力，也是决胜未来战场的核心战斗力。社会领域的竞争，"元无知"的后果通常是个人或集体的淘汰出局；军事领域的对抗，"元无知"的代价可能是国家民族的灭亡。战争是不确定性的王国，世界正发生着"秒"变。未来战场上，哪一只"黑天鹅"将左右战场局势，哪一头"灰犀牛"将影响战争走向，可能很难预料。打败你的未必是你时刻提防的正面之敌，很有可能是一个看似与你无关的"路人"。因此，防范军事上的"元无知"危害，必须培养和强化洞察技术的敏锐性、领会技术的理解力和突破技术难题的执行自觉。要能够对世界科技领域出现的新动向、新事物及可能造成的影响，及时做出客观判断和灵敏反应，见微知著地捕捉新生事物的电光石火。对技术的本质与内在动力、特点与规律、结构与功能，及其在人类文明进化之链上的地位和作用保持理性认知，能够明白和感悟技术显现出的当前价值和蕴含的深远意义。在此基础上，对技术发展和运用应主动作为，通过对核心技术的发展方向、发展路径、关键事项、时间进程以及资源配置进行科学设计与控制，实实在在地推进技术应用和完善，努力实现"从认识到实践"的第二次飞跃。

无知不可怕，可怕的是不知道自己不知道的"元无知"。相信秉持学术怀疑态度、不断加强自身学习、对新技术保持敏锐性和理解力，破除"元无知"的危害并不难。

解放军报　2018.7.12　有改动

联合作战力量发生突变损耗的系统论原理初探

20世纪60年代中期，法国数学家勒内·托姆创立了突变理论，提出在自然界和人类社会活动中，除了渐变的和连续光滑的变化现象外，还存在着诸如桥梁垮塌、火山喷发、地震、海啸等大量的突然变化和跃迁现象。在军事斗争领域，交战双方的对抗活动必然导致彼此战力的损耗，这种损耗既有渐变的也有突变的。历史上的赤壁之战、夷陵之战等都是一方火攻之后使另一方转瞬陷于灭顶之灾的典型突变战例。"逐次消耗对方力量，积小胜为大胜"的传统作战模式被打破，"体系破击，速决制胜"的作战理念，使得对抗初期就出现战斗力突变损耗的可能性大大提高。这种"突变损耗"往往猝不及防，危害性大，容易造成战争（战役、战斗）形势的急转直下，是研究现代战争不能不关注的重要问题。

一、系统的能量流径被切断，开放性遭破坏，使得系统由于缺乏"营养"而导致崩溃

联合作战体系是由许多相互作用的子系统组成的复杂适应系统。根据复杂适应系统理论，无论在自然、社会领域，还是思维领域，开放性是任何复杂适应系统生存、发展的基础和必备条件，即系统必须能够与环境交换物质、能量和信息。战争系统也不例外，各种作战力量整体合力的发挥，不仅有赖于系统内部的正常运转，而且还要受到整个作战环境的制约。信息化条件下的联合作战，作战系统构成要素之间、系统与外部环境之间的联系更加紧密，在强烈的非线性相互作用下，单个要素功能的发挥甚至整个系统的运行都对环境状态的变化呈现出高度的敏感性。毫无疑问，联合作战体系只有对环境开放，同环境相互作用，同外部交换物质、能量、信息，才能生存和发展。

美国哈佛大学信息政策研究中心主任安瑟尼·G.欧廷格教授把物质、能量和信息三者的关系描述为：没有物质，就什么东西也不存在；没有能量，就什么事情也不发生；没有信息，就什么东西也无意义。包括联合作战体系在内的任何系统，都由物质流、能量流和信息流三个基本单元构成，它们是系统与环境间，系统内各要素间关联和相互作用的"船"和"桥"。联合作战中的物质流，反映

着作战体系的结构属性，是所有物质实体的总和。能量流，主要指维系己方系统运转和打击敌方作战体系的作用量度。信息流，表征作战体系存在形式的一切属性，是系统状态的某种不确定性的排除。这些"流"的渠道畅通与否，周转频率的高低，直接影响着系统的运行。尤其是信息流，其流向、流速、流量，代表着"流"之间的关联，实际上展现的是整个作战体系的结构、行为和功能。越复杂的系统，其物质、能量、信息的流动就越复杂。基于这一认识，美军在 1997 年《联合作战构想》中提出遮断概念。即通过相关措施，对敌作战体系中信息流、物质流和能量流进行牵制、迟滞、阻断等，使其系统无法正常运行，无法发挥正常功能。

切断系统的能量流径，就削弱了系统内部之间以及系统与外部环境的联系，破坏了系统的开放性，使系统的局部乃至整体陷入"营养不良"，进而导致"组织坏死"，影响系统的功能发挥直至系统崩溃。联合作战中，在陆、海、空、天、电磁、网络、心理等多维空间综合运用火力封锁、电磁压制、网络阻塞等各种手段封闭敌重要目标和关键节点，使之成为一个个分散、独立的"孤岛"；或在敌作战体系内部生硬地造成各种链式的、环式的、树状的、网状的分割线，使其支离破碎，不能形成有机的整体，必将影响敌作战体系中物质流、能量流、信息流的正常交换，进而达到瘫痪系统、破击体系的目的。这种"釜底抽薪"的手段会导致联合作战体系整体功能的锐减，即联合作战力量的突变损耗。

二、系统的整体结构被分解，复杂性降低，直至退化为简单的线性系统

早在公元前 384 年，古希腊伟大的思想家亚里士多德就提出了"整体大于部分之和"的重要论断。当今的系统论认为：如果以 E 代表系统总能量，e_i 代表各要素的能量，则 E 不等于 e_i 之和，而是 $E=\sum e_i+\Delta E$，其中 ΔE 就是结构能。体现在联合作战体系上，就是构成体系的各单元、要素、子系统对体系整体效能的贡献不是它们各自能力的线性加和，而是具有放大或缩小功能的非线性作用（结构合理，系统的整体功能大于各子系统的线性叠加之和；结构不合理，系统的整体功能小于各子系统的线性叠加之和）。苏联米格 -25 战机就是典型的成功范例。该飞机一装备部队就创造了 8 项飞行速度、9 项飞行高度、6 项爬高时间的世界纪录，成为当时世界上最先进、最神秘的机种。然而西方专家对一架叛逃的米格 -25 研究后发现，如此惊人的系统效果不过是由众多比较粗糙甚至"很落后"的零部件、电子设备、工艺技术等精巧组合而成的。可见系统结构能依赖于系统

而存在，当系统保持整体性时，结构能存在；当整体被分解为部分时，原结构能则消失。

机械化时代，作战体系的内部联系比较松散，往往只限于邻近层级之间的纵向联系，缺乏平行单位间的横向沟通，并且这种松散的联系在外部环境影响下还很容易中断，体系的结构能对整体作战效能的贡献相对有限，主要通过提高单元要素的质量和扩大规模数量来增大作战体系的效能，这也正是机械化战争表现为在有限的空间内集结重兵集团展开较量的原因。信息化时代，联合作战体系的各部分连接更为协调紧密，超越了物质的时空关系，更超越了战斗力诸要素在地理空间上的直接连接。一切战斗力要素基于信息的有序流动构成了一个复杂适应系统。系统的各单元、要素通过信息的普遍链接，改变了它们的相互关系和存在方式，"聚合"成新的战斗力，"激活"潜在的战斗力。作战体系各单元、要素之间具有了新的结构，因而也就产生了新的整体性。按照系统论原理，就是系统整体效能发生相变，即整体涌现性，使整体效能呈指数级跃升。而一旦系统的结构与功能被分解破坏，这种整体涌现性同样会随之消失。无论是自然界自发形成的生态系统，还是人工组建、创造的复杂适应系统，一旦解体则立即丧失其整体性和结构能。

联合作战中通过结构分解使敌方战斗力出现突变损耗，首先应把作战体系从环境中剥离出来，然后把系统分解为部分，把高层次降级为低层次，从而破坏其整体涌现性。具体地说，就是通过一定的手段孤立敌各作战单元、作战平台，使网络中心战退化为平台中心战，使信息化军队退化为机械化军队，使复杂适应系统退化为简单的线性系统。以摧毁敌防空系统为例，防空系统可看作由防空雷达、制导雷达和地空导弹发射架组成的复杂适应系统。其工作原理是：防空雷达用于发现目标并向制导雷达指示目标位置，制导雷达根据目标位置数据捕获目标，命令导弹发射架指向目标，导弹发射后跟踪反射的雷达信号打击目标。三个组成部分依次衔接，构成完整的防空系统。这一系统中，防空雷达波束宽、易被发现，是最脆弱的打击目标，一旦被摧毁，整个系统就趋于简化，制导雷达、地空导弹发射架组成的线性系统将失去原有的功能，无法有效攻击敌机。1982年的贝卡谷地之战，以色列首先摧毁了叙利亚防空系统中处于串联结构的防空雷达，叙军整个防空系统遭到分解，防空力量立即出现突变损耗，剩下的19个并联结构的防空导弹阵地只用了短短6分钟就被全部摧毁。

三、系统的耦合性与运行秩序受到干扰，复杂性被刻意放大，甚至越过临界点陷入混沌

系统力量的整体涌现性受各个子系统功能特征的规定或制约，不同功能的子系统只有具备耦合关系，并保持良好的运行秩序，产生同频共振，才可能造就具有特定整体涌现性的力量体系，这是系统论的唯物主义根基。构成联合作战力量体系的功能单元之间的耦合通常有两种形式：一是"增强型耦合"，即两种或两种以上的功能单元或运动形式之间通过相互作用而彼此增强各自功能的耦合形式。如陆空联合作战中，地面突击单元与空中突击单元间的"耦合"。空中突击单元通过火力突击毁伤、遮断、瘫痪敌人，可以为地面力量实施占领、控制创造条件；地面突击单元通过快速机动作战和监视、跟踪、指示、引导等行动同样可以为空中打击创造条件。这种耦合关系如果遭到破坏，联合作战就变成了各自为战，整体效能的释放也会大打折扣。二是"因果型耦合"，即一个单元的输出功能，恰为另一个单元的输入条件。如情报侦察单元的"情报输出"，是指挥控制、火力打击、战果评估等单元的"功能输入"，前一个单元的功能受到抑制，必然会使其他作战单元的行动产生负面的连锁反应，进而削弱力量体系的整体功能。所以干扰系统的运行秩序，破坏耦合关系，其稳定性、有序性就会被打破，功能就无法正常发挥。

联合作战体系是自然系统与人工系统相结合的产物，其正常运行受到许多因素的影响，依赖功能、时间、士气、环境等诸多条件。因此对敌作战体系实施干扰的方法至少包括以下几种：一是功能干扰。即通过技术手段或综合运用技术、战术手段，使敌方系统出现功能性障碍，从而避敌之强或将敌变强为弱。伊拉克战争中，伊军使用俄罗斯生产的 GPS 干扰器，导致多枚"战斧"巡航导弹攻击失败。现在的 Umbrella 干扰系统不仅可以干扰 GPS 引导的武器，还可以干扰各种 GPS 定位平台，如预警机、无人机和作战车辆等。二是时间干扰。即通过掌握时间、控制节奏使敌人的强势变弱。可采用突然袭击、并行作战等手段扰乱敌作战的时间序列，同时要注意控制节奏。美军地面部队指挥官在总结伊拉克战争经验时认为："进攻战斗节奏可快可慢，只要是己方而不是敌人在控制节奏，快慢都可以。"通常快节奏有助于攻方剥夺守方的行动自由，对其施加压力；慢节奏则有助于守方消磨攻方的作战意志，以拖待变。三是心理干扰。主要通过心理暗示来攻击敌人的心理防线。驻扎在索马里的美军曾将电脑合成及影像投射技术

运用于心理战试验，在沙尘暴侵袭索马里时，趁着风卷狂沙，天昏地暗，在沙雾弥漫的空中投影出一幅 150 米×150 米的耶稣头像，同时播放伴音："放下武器，回到真主那里去吧！"逼真的声像效果极大地震撼了现场士兵。四是环境干扰。主要是以积极的行动制造一些虚假信息和冗余信息，给敌方造成信息迷盲。也可通过技术手段，干扰敌侦察、探测系统，削弱敌方直接获取战场信息的能力。如对敌电子侦察系统实施电子干扰、电子佯动等；对敌光学侦察系统实施烟幕迷盲、强光照射等。

复杂适应系统为了保持运行的有序和稳定，能够主动调整自身结构以适应外界干扰。激烈的对抗使得联合作战体系始终处于动态的涨落之中，其平衡是动态的平衡，偏离平衡态是系统的常态。一般情况下，只要在平衡态附近，系统就有足够的弹性或者叫"适应力"抵销干扰。而当其远离平衡态时，在突变的非线性积累作用下，系统的适应能力急剧下降，此时微弱的干扰也可能超过系统稳定的阈值，一旦系统的复杂性越过了临界点就会引起结构性破坏，甚至陷入混沌，使联合作战力量出现突变损耗。因此通过干扰致瘫来破击体系，最好能在系统对抗的动态变化中准确把握敌作战力量处于"波谷"也就是作战体系远离平衡态的时机，如换防、休整、补给、维护等，此时的干扰或可收到四两拨千斤之效。没有这样的机会，就要在多维空间里多法并举，以"干扰强度之高和干扰速度之快"克敌"适应能力之低和恢复速度之慢"，刻意放大其系统的复杂性，致力形成"瀑落效应"，在其反应周期内坚决瘫痪之。这样的干扰效果也会使对方的联合作战力量出现突变损耗。

指挥学报　2010.11　有改动

借鉴"混合战争"理论实践，
筹谋应对多元安全威胁

目前，世界形势正在发生冷战结束以来最为深刻复杂的变化，我国安全和发展形势更趋复杂，各种可以预料和难以预料的风险挑战将会增多。借鉴外军"混合战争"的理论和实践成果，对我筹谋应对多元化的安全威胁不无裨益。

一、"混合战争"理论的发展沿革

2005 年，美军在《国家防务战略报告》中首次提出"混合战争"的概念。2007 年，美国军事专家弗兰克·霍夫曼正式提出"混合战争"理论。该理论认为由于全球化影响和技术扩散等原因，传统的"大规模正规战争"和"小规模非正规战争"正逐步演变成一种战争界限更加模糊、作战样式更趋融合的混合战争。其主要特征有：一是国家、非国家行为体甚至个人等战争主体的混合；二是常规战、非正规战、恐怖袭击和犯罪骚扰等战争样式的混合；三是政治、军事、经济等手段的混合；四是作战、维稳、重建等行动的混合；五是击败敌人和争取民心等目标的混合。该理论一经提出，迅速得到美国军方的高度重视。2008 年美国联合部队司令部发布的《联合作战环境》、2009 年美国参联会发布的《联合作战顶层概念》3.0 版和美国国防部发布的《四年任务使命评估报告》均不同程度地吸收了"混合战争"理论的观点。美 2010 年版的《四年防务评估报告》中将"混合战争"理论正式作为应对多元化安全威胁的战略指导。2015 年版的《美国国家军事战略》将"混合战争"作为武装斗争的有效形式，把传统战斗行动与非常规战斗行动相结合，以创造不确定性，掌握主动权并使敌人失去活动能力，从而达成战略目标。

二、"混合战争"理论的经典实践

与"装甲战"思想最早由英国军事家富勒提出，而最终机械化战争技术理论落地生根、开花结果的"土壤"却出现在德国相似，"混合战争"理论虽出自美军，但近年来该理论最经典的实践运用却是俄军创造的。2015 年 3 月 16 日，俄军事专家维克托·巴拉涅茨公开指出：归并克里米亚是俄军历史上最卓越的军事行动之一，而"混合战争"在此役中有着辉煌表现。

俄军收复克里米亚过程中，综合运用军事和非军事、传统和非传统、常规和非常规手段，将现代军事斗争艺术演绎得淋漓尽致。

战争形态上，俄罗斯选择了界限模糊的新型战争样式。俄军行动游离于"战"与"非战"之间，起止时间模糊，严格保密措施，令西方及乌克兰当局难以判断和界定俄军行动，防范、应对难度大增，并且常因误判形势及意见不一而陷入被动。此外，俄瞒天过海，巧借战备突检和军事演习完成兵力部署，部队秘密进入克里米亚后迅速摘除身份标识，对外宣称是"当地安全力量"，暗中向乌东部民间武装提供武器、培训人员，在幕后指挥作战，实施"代理人战争"，使西方难以找到军事干预的充分理由。

战争理念上，俄罗斯常规战与非常规战密切配合。正规军与志愿参战的退役老兵、来自车臣和中亚地区的雇佣军以及克里米亚亲俄势力组建的自卫军并肩作战。在精锐部队发起攻击抢占战略要点的同时，俄军还展开了卓有成效的心理战、信息战，拉拢劝降对手，令包括乌海军司令在内的数十名高级指挥员及海军旗舰在内的10多支部队成建制倒戈。俄罗斯还充分利用强大的核力量，频频威慑西方。普京向外界透露，俄甚至做好了使用核武器的准备。在与北约对峙最紧张之际，俄罗斯1天之内试射9枚战略导弹，摆出不惜大战的架势，令西方不敢妄动。

博弈空间上，俄罗斯采取了政治、经济、外交等多领域的混合作战。动用军事手段的同时，俄还综合运用政治、经济、外交等非军事措施。在政治领域打"法理战"。俄在克里米亚复制"科索沃模式"，迅速举行并通过了全民公投，"以西方之道还治西方之身"，为克里米亚脱乌入俄奠定了法理基础，也令西方张口结舌。在经济领域打"能源战"。利用乌克兰、欧盟严重依赖俄罗斯天然气这一"软肋"，通过大幅提价、催还债务、中断供气等手段持续施压，令乌经济"雪上加霜"，欧洲亦顾虑重重，从而重挫了乌克兰新政权并分化了美欧同盟。这套组合拳把西方搞得晕头转向，等到意识到俄的意图，为时已晚。

战争目的上，俄罗斯实施了占领控制与争取民心相统一的混合作战。俄军以迅速果断的军事行动，实现了对克里米亚半岛的占领控制。与此同时，俄综合运用多种手段争取民众，既有快速到位的经济援助，又承诺克里米亚入俄后的经济腾飞。俄罗斯媒体还大力宣传俄与克里米亚的历史渊源，强调同宗同源的血脉联系，强化俄罗斯族群团结意识。公投前一周，乌克兰前总理季莫申科利用个人政治影响力整合并统领亲西方势力，大有控制乌局面之势。关键时刻，俄情报机构及时公布了季莫申科的一段电话录音，录音中季说乌境内的 800 万俄罗斯族人毫无用处，"直接用核武器弄死算了"。此录音一公布立刻引起轩然大波，乌克兰局势随即逆转。随后的克里米亚半岛公投中，96.77% 的岛上居民选择脱乌入俄。2014 年 3 月 20 日，俄罗斯宣布接纳克里米亚加入俄联邦。

俄罗斯运用"混合战争"指导思想应对乌克兰危机，在复杂动荡的国际环境中，"兵不血刃"而且最大限度地维护了其国家利益。不仅创造了举世瞩目的辉煌，也给我们留下了值得借鉴的经典。

三、"混合战争"理论与实践对我军创新建设的启示

军事优势确立的基础，既不在于谁发明了领先对手的新科学、新技术，也不在于谁先提出创新的军事理论，关键在于谁能把新科学、新技术、新理论与部队有机结合，真正形成突破前人、超越时代的新质战斗力。"混合战争"理论与实践对我军创新建设的启示至少包括以下方面：

（一）根据时代发展不断突破和创新中国特色的军事理论

科学技术的迅猛发展，不断增强着人们的主观能动性，甚至已颠覆了人类传统的认识和改造世界的范式。过去是"实践——技术——理论"，现在在很大程度上变成了"理论——技术——实践"。创新军事理论的实质是创新战争规则。所谓创新战争规则，最朴实的解释就是毛主席说的"你打你的，我打我的；走，你就打不着我。打，我就要打上你，打准你，吃掉你"。[1] 习主席指出："军事领域是竞争和对抗最为激烈的领域，也是最具创新活力、最需创新精神的领域。"[2] 没有哪一场战争可以作为下一场战争的范本。面向未来，才可能赢得未来。如果说战场上的主动权取决于谁先发现，那么建设中的主动权则取决于谁看得更远。没有创新的思想和理论，就不可能有创新的实践。从这个意义上讲，军事理论的创新发展，是军队面向未来能力的重要体现，甚至决定着未来战争的胜负。

我军军事理论研究的现状与打赢未来战争的要求相比还有差距，尤其理论落后于实践的问题依然突出。"马后炮"的言论多，预测性的观点少；注释性的成果多，原创性的成果少；泛泛而谈的空话多，鞭辟入里的灼见少，应当引起警

---

[1] 李晓辉. 毛泽东为什么强调"你打你的，我打我的"[J]. 学习时报. // 中国共产党新闻网. 2019.11.18.

[2] 习近平 2012 年 11 月 15 日在中央军委常务会议上的讲话。

惕。实现军事理论创新，首先要研究武器装备的现状和发展趋势，这是战争的物质基础；其次要研究由武器装备发展引起的作战方式变革，这是指导战争的灵魂；在此基础上要不断研究体制编制的更新和指挥控制理论的与时俱进，这是联结武器装备和作战方式的"桥梁"和"纽带"，也是"打赢"的根本保证。革命战争年代，我军虽然装备落后，却创造出很多属于我们自己的军事理论，如"十六字诀"、人民战争和持久战、麻雀战、游击战、"零敲牛皮糖"等，这些理论带有明显的东方特色、中国特色、中国共产党领导下的人民军队特色，凭借高敌一等的理论指导，我们战胜了一个又一个强敌。新的历史条件下，新一轮改革大潮中，我们当然不能亦步亦趋地跟在别人后边走，但也不能"闭门造车"，故步自封，埋头搞自己的东西。像"混合战争"这类既符合时代特征，又在很多方面贴近我国、我军实际的先进军事理论，同样值得我们深入学习研究，洋为中用，吸收其积极合理的方面，创新发展我们的军事理论，为强军实践提供犀利的理论武器。

（二）借鉴"混合战争"理论，应对多元安全威胁

美军提出"混合战争"理论的直接原因，是为了应对多元安全威胁，继续称霸全球。与美国"管理世界，修理地球"的目标不同，中国的目标是实现"和平崛起"，做"负责任的大国"。尽管国际局势总体趋于缓和，但我国面临着越来越多的安全威胁和挑战。在我国由大向强发展的关键阶段，敌对势力千方百计对我进行牵制、遏制和打压。霸权主义、强权政治和新干涉主义有所上升，周边地区冲突和动荡此起彼伏，恐怖主义、邪教组织层出不穷，网络安全、核安全、能源资源安全形势严峻，心理战、贸易战、金融战轮番上演。其中严重威胁我国家安全的主要有三大问题。首先，分裂势力依然存在。台湾问题尚未解决，各种分裂势力还时常动作；其次，敌对势力始终没有停止破坏活动。包括一些邪教组织和所谓"精英"的民运分子等，有时活动还很猖獗；尤其值得高度警惕的是：意识形态领域的斗争同样惊心动魄，这历来是敌对势力对我实施"西化"、分化图谋的攻击重点。目前，我国网民人数已近7亿。有的西方政要因此兴奋地声称"有了互联网，对付中国就有了办法"，"社会主义国家投入西方怀抱，将从互联网开始"。"推特"成为西化、分化的无形"推手"，"脸书"关键时刻翻脸比翻书还快，"××之春"刮起阵阵阴风，"颜色革命"令人闻之色变，中国则是他们下一个最重要的目标。各种安全威胁相互交织，使得影响我国家安全的因素越来越具多样性和不确定性。彻底解决安全威胁和隐患需要举国上下的共同努力，但毫无疑问，这首先是中国人民解放军的职责和使命。

随着军队使命任务的拓展，军事实践的范围、形式、内容等发生了很大变化。从我国国家安全现状和我军任务来看，混合战争理论有值得借鉴的方面。我们必须以增强打赢信息化局部战争能力为核心，提高应对多种安全威胁、完成多样化军事任务的能力。要把我军的历史使命从维护国家安全利益延伸到维护国家发展利益；从应对传统安全威胁延伸到应对非传统安全威胁；从维护国家稳定发展延伸到维护世界和平及共同发展。今天我们既要关注和维护领土、领海、领空安全等国家生存利益，又要关注和维护海洋、太空、电磁空间安全等国家发展利益；既要应对领土主权等传统安全威胁，又要应对自然灾害、生态危机、恐怖主义、民族宗教冲突、武器扩散、贩毒走私、疾病蔓延、金融安全、信息安全、资源安全等非传统安全威胁；既要能够有效维护国内安全稳定、人民生命财产安全，又要能够通过国际维和、反恐维稳、军事合作、联合演习、参加救援等方式，维护世界和平，促进共同发展。

（三）针对对手"短板"和利益敏感点，探索非对称制胜

霍夫曼说："混合战争中的敌人具有以下特征：狡猾、残暴、随时滋事，组织形式变化无常……混合战争中最具破坏性的力量并非源自高技术，而是来自犯罪属性。我们的对手通过实施犯罪活动以求得生存，或引起被攻击国家的骚乱和分裂。"这种认为未来美国面对的任何对手都会采用恐怖主义手段来达到目的的观点，混淆了战争中的不对称手段和恐怖主义犯罪行为的区别，明显存在战争恐怖化的思想倾向。它恰恰暴露了美军缺乏有效应对非对称攻击手段的"短板"。因此，美军急于"提升它尚不擅长的'非正规战'能力"。其实不单是美军，翻开战史不难发现，古今中外的任何弱军只要能够巧妙运用非对称作战，都可能重创强敌。三国时的赤壁之战，抗日战争中的七亘村重叠设伏、夜袭阳明堡，阿富汗游击队抗击苏军入侵以及2007年爆发的黎以冲突，都是劣势一方通过非对称作战以弱胜强的经典战例。美防务专家杰弗里·理考德说"美军在朝鲜陷入僵局，在越南战败，以及在黎巴嫩和索马里丢脸，都是由于对手掌握了战略主动权并迫使美军在其强大火力和空中力量不能有效发挥作用的地方作战。法军在印尼和苏联在阿富汗的经历也类似于此。在信息时代，辩证法也是行得通的。……提出一种对策性战略或设计一种战术来削弱甚至打掉那些在信息时代拥有优势的一方"。从本质上说，毛泽东在革命战争年代提出"你打你的，我打我的"就是中国版的"非对称作战"。不论是对抗以世界宪兵自居，到处推行强权政治的美国还是其他觊觎我领土、资源的强国，"非对称作战"都值得我们深入

研究。

作为一个负责任的大国，除了在敌人最意想不到或最不情愿的时间、地点，以敌人最不适应的方式与敌交锋，出奇制胜外，我们实施非对称攻击的目标可以重点考虑敌方的信息系统和后勤保障系统。2007年，我国用导弹摧毁报废卫星实验成功，美军非常恐慌，甚至有人称"摧毁美国卫星就是打核战争"。这种核讹诈的言论毫无道理，只能暴露其对卫星系统的高度依赖和防卫体系的脆弱。所以，不论陆基信息系统还是天基信息系统显然都是强敌的"七寸"。需要注意的是，对这类目标的攻击，有时"硬摧毁"的效果可能不如"软杀伤"。摧毁一颗卫星，敌人可以将其他卫星的轨道调整过来或发射新卫星代替；干扰一颗卫星，则迫使敌人不得不直接面对麻烦，尽力解决。印第安战争中，阿帕奇族人破坏电报线的方法非常高明。他们切断电报线时，会拿走一小段电线并用一截细牛皮代替，两者被巧妙地连接起来使电报线看上去完好无损，通常需要几天的仔细检查才能发现被破坏的地方。这种思路值得我们借鉴。与信息系统一样，后勤保障系统的重要性和脆弱性也是公认的，对劳师远征的一方更是如此。海上运输航程远，目标大，易受攻击；陆上战线拉长后，补给力量面临对手的非对称攻击同样防不胜防。伊拉克战争中，伊军吸取海湾战争的教训，加大对美军后勤保障系统的破坏力度，取得了包括生擒美军士兵在内的不俗战果。"非对称作战"既是一种作战形式，也是一种作战指导思想，对劣势一方具有普遍的指导意义。"你打你的，我打我的"，是历史上指导我军战胜强敌的根本作战指导思想，也是今天我军打赢信息化战争必须继承的作战指导思想。当然，我们在继承传统的基础上，还必须创新适应现代战争特点和要求的新理论、新方法。

最好的防御是进攻，最好的进攻却不一定是直指目标的直接行动。诗人说"功夫在诗外"；棋手说"局外寻胜着"；商家说"要跳出市场想问题"。战场制胜的功夫有时亦在场外。善于谋划者，考虑问题的思维辐射面，总是大于考虑对象所占的空间。战争指导者的思维场越大，越能看清通往胜利的道路。思维场大于对手，才能将对手笼罩在自己的谋划之中，进而把握主动。冷战结束，和平与发展成为时代主题，全球经济一体化令今天的世界格局发生了很大变化。全面的世界大战演化为局部战争，军事对抗的有限目标、有限目的决定了暴力使用的有限性。胜利不一定表现在消灭敌有生力量，占领敌国领土，而更注重于对资本、资源、市场的控制和对价值观的影响，更注重于获得一种有利的战略态势，实现战略主动。传统的炮舰政策虽未完全消失，但赤裸裸地使用的机会似乎越来越少，更多地将是以政治、外交、经济、科技等多种手段综合运用的争夺形式。历史上一些必须凭借暴力达到的目的，今天可以绕开暴力，通过其他手段获得。像围棋博弈一样，你在这一块出手，我却不一定在此纠缠，可从另一方向争取主动。比如当前的南海争端，从根本上说不是中菲问题，而是中美问题。只要我们透彻把握美国战略利益的敏感点，"贸易战""货币战""投资战""媒体战""法律战""能源战""农业战"……都有可能配合军事上的"正合"，收到"奇胜"的效果，而其中最有效的或许就是"货币金融战"，我国已经成为世界第二大经济体，在金融领域我们手中的筹码比俄罗斯多得多，美国对此心知肚明。当然，作为军人，我们必须坚决做到招之即来、来之能战、战之必胜，为祖国守住底线。

中国国防报　2017.2.17　有改动

因敌制胜的奥妙

"没有不用谋的战争"。谋略的地位作用在冷兵器、热兵器和机械化战争时代得到了充分的肯定。进入信息化战争时代，新军事科技日新月异、新军事理论层出不穷，传统谋略跃升到一个全新层次。从2003年伊拉克战争到2006年黎以冲突，从2011年美特种部队隐蔽奇袭击毙拉登到2014年俄罗斯瞒天过海登陆克里米亚，现代战争实践向我们一再昭示：先谋后战，谋而后胜，仍然是普遍的真理。

试论信息化战争中的谋略运用

　　"没有不用谋的战争"。谋略的地位作用在冷兵器、热兵器和机械化战争时代得到了充分的肯定。进入信息化战争时代，新军事科技日新月异、新军事理论层出不穷，传统谋略跃升到一个全新层次，得到不断的扬弃和升华。从 2003 年伊拉克战争到 2006 年黎以冲突，从 2011 年美特种部队隐蔽奇袭击毙拉登到 2014 年俄罗斯瞒天过海登陆克里米亚，现代战争实践向我们一再昭示：先谋后战，谋而后胜，仍然是普遍的真理。认清变化的形势，顺应时代的发展，积极研究信息化战争谋略运用的主要任务、面临的挑战及对策，有助于我们在未来战争中创造主动，夺取胜利。

一、信息化战争谋略运用的主要任务

　　谋略运用的主要任务就是力争主动，力避被动，以小的代价换取大的胜利。但不同层次、不同时机、不同情况下谋略运用的任务又各有侧重。战略层次，谋略的主要任务是谋势造势，威慑、孤立和瓦解敌军，最高目标是不战而屈人之兵，重点研究"全胜"谋略；战役战术层次，谋略的主要任务往往具体到如何提高作战效益，重点研究"战胜"谋略。不同的作战阶段谋略的任务又有所不同，作战准备阶段，运用的主要任务是隐蔽企图，先胜后战；作战实施阶段，运用的主要任务则是惑敌困敌，出奇制胜。概括地说，信息化战争谋略运用的主要任务似可归纳为以下几点。

（一）谋达成行动突然性

　　突然性对夺取胜利有着十分重要的意义，达成突然性可急剧地削弱敌方战斗力，大大提高作战效益，因而古今中外的军事家都强调谋求作战突然性。孙子说："出其不意，攻其不备，此兵家先胜，不可先传也。"克劳塞维茨说："突然性是一切战略战术的精髓。"朱可夫说："影响战役制胜的最大因素，是达成战役和战术的突然性。"麦克阿瑟也说："奇袭是战争中获得成功的最大因素。"1 千克炸药和 1 千克木柴能量相差无几。前者能使山崩石裂，后者却至多烧开一壶水。原因就在于炸药的能量在瞬间突然释放，而木柴的能量则是在燃烧的过程中缓缓释放的。在对手放松警惕或意想不到的时间、地点发动突然袭击，会造成对方心理上的强烈震撼，迫敌在慌乱中作出错误的判断，定下错误的决心，采取错误的行动，甚至根本来不及分析、判断和行动就已无力回天。"二战"初期，纳粹德国的"闪击战"、日本偷袭珍珠港都重创对手，取得了战役、战术上的巨大成功。美国著名学者邓尼根通过对历史上的大量战例分析后得出结论：突然性既能抑制敌方战斗力发挥，同时又能充分发挥己方战斗力，可使战斗力提高 1.7 倍。数据的参考价值姑且不论，其揭示"倍增"战斗力的规律却毋庸置疑。

信息化战争，无论力量优势方还是劣势方，都十分重视谋求作战突然性。伊拉克战争，美军以出其不意的"斩首行动"，提前拉开战争序幕，有效震慑了萨达姆，令其顾虑重重，降低了指挥效能。作战中，美英联军"声东击西"，用假情报诱使萨达姆把主力调到伊拉克北部，而美英联军却从伊拉克南部乘虚而入，发动了快速决定性进攻，仅用 20 余天就推翻了萨达姆政权。2006 年，代号"夏雨"的黎以冲突，装备落后的黎巴嫩真主党武装利用以色列海军的麻痹大意，针对其反导系统弱点精心筹划，打了一个反应速度的时间差，用一枚"诺尔"导弹重创以色列海军最先进的"萨尔 -5"型隐形护卫舰"哈尼特号"，创造了堪称经典的反舰突袭。由此可见，信息化战争，突然性不会消失，如何达成和用好作战突然性，谋取更大的作战效益，是一个历久弥新的课题，需要我们结合时移势易的情况推陈出新，不断丰富、创新达成突然性的方法手段。

（二）谋以制信息权为主导的战场主动权

主动权是军队作战行动的自由权。夺取和把握战场主动权历来为军事家们高度重视。鬼谷子说："事贵制人而不贵见制于人。制人者，握权也；见制于人者，制命也。"随着科学技术的不断进步和人们对主动权自身规律认识的不断加深，战场主动权由早期单一的制陆权，发展到 19 世纪的制海权，又发展到 20 世纪的制空权。20 世纪 70 年代以来，以电子、微电子及计算机网络为代表的信息技术广泛应用，使得传统的陆、海、空三维战场空间变成充满电磁波束的信息化战场环境，敌对双方的所有行动均处于信息网络的监视、控制之下，致使制信息权成为主导战场主动权的"权中之权"。

1991 年海湾战争，多国部队成千上万条作战指令由一体化指挥信息系统发出，渗透穿梭于多维战场空间，不仅改写了战场交战法则，而且改变了力量运用规律。1999 年科索沃战争，南联盟空军副司令亲自驾驶性能优异的米格 -29 升空迎敌，却转眼即被击落，信息编织的"从传感器直达射手"的无缝链接体系，令机械化体系结构的致命短板暴露无遗。海明威提出了著名的"八分之一"理论——"冰山运动之雄伟壮观，是因为它只有八分之一在水面上"。现代战争，如果说火力、机动力等是冰面上的"八分之一"，那么冰面下起支撑作用的"八分之七"则是信息力。

2003年某公司进行了一次模拟演习，当某国计算机网络被对手植入的病毒猝然发难时，电话失灵、交通瘫痪、股市狂跌，军队指挥中枢遭到彻底破坏，战地指挥官甚至无法判断通过无线电接到的命令是真是假！这场虚拟的演习中映射着冰冷的现实。2015年3月，美国众议院国土安全委员会主席迈克·麦考尔承认：2014年12月发生的朝鲜网络大规模瘫痪，是由美国采取报复措施所致。信息将人类对战争的认知带入一个全新境界，"网络边疆""网络安全"已经成为国之大事、存亡之道。

现代战争的千变万化，首先表现在信息对抗领域的波诡云谲。信息已不仅仅是"情报"的代名词，信息获取的速度和精度决定战略决策和作战指挥的时效性与正确性；信息网络水平决定作战体系的融合完备程度；信息运用效率决定作战行动的快、准程度；信息攻防能力决定综合制权的掌控力度。随着逻辑炸弹、木马程序、黑客攻击等网络战装备技术快速进入实战应用，输掉制信息权就基本上输掉了战争。实践证明，围绕信息控制权的斗争已经成了影响战争进程和结局的关键。谋取信息优势，掌握信息控制权自然也就成了信息化战争谋略对抗的焦点。

（三）谋破击敌人的作战体系

古希腊思想家亚里士多德曾提出"整体大于部分之和"的重要论断。现代系统论认为：结构决定功能。正如分子结构不同导致石墨与金刚石截然不同的外在属性一样，军事实体的组织结构对其战斗力的影响非常大。作战系统和其他任何系统一样，都具有一定结构，在这个系统的结构中，总有一些部位是关乎整个系统稳定的"敏感支撑点"，犹如人的致命穴位，摧毁了这个"敏感支撑点"，就像"点穴"一样，立即会使对方部分或全部丧失作战功能，甚至处于瘫痪状态。

谋略运用讲究以巧制胜，破击对手的作战体系，往往能够事半功倍赢得主动，甚至夺取胜利，因而历来受到指挥员的重视。但总体来说，冷兵器和机械化战争时代，作战体系的内部联系比较松散，通常仅限于邻近层级之间的纵向联系，缺乏平行单位间的横向沟通，并且这种松散的联系在外部环境影响下还很容易中断，体系的结构能对整体作战效能的贡献相对有限。主要通过提高单元要素的质量和扩大规模数量来增大作战体系的效能，这也正是传统战争表现为在有限的空间内集结重兵集团展开较量的原因。现代战争，作战体系的各部分连接更为协调紧密，超越了物质的时空关系，更超越了战斗力诸要素在地理空间上的直接连接。作战体系各单元、要素之间具有了新的结构，产生了新的整体性，使整体效能呈指数级跃升。而一旦系统结构被打破，这种整体涌现性立即就会瓦解，出现战斗力的"崩塌效应"。因此，赢得胜利要靠体系的整体性、协调性，击败对手要靠体系破击。

伊拉克战争中，伊军指挥、通信系统遭瘫痪，数十万军队成了一盘散沙，各自为战，效率极低，直到美军进入巴格达，伊军许多一线部队甚至还未接到上级的作战命令，美英联军因而仅用极短时间就占领了伊拉克全境。不成体系的伊军抵抗之微弱不仅令全世界的军事专家们大跌眼镜，甚至出乎美军的意料。小布什就曾在记者招待会上承认：没想到胜利来得这么容易！值得注意的是，在战争这个"不确定的王国"里，优势方也很难保证所向披靡，同样可能遭敌破击体系，面临突如其来的困窘。伊战中，美军某旅指挥所被一发迫击炮弹击中，信息系统遭破坏，该旅指挥竟中断了一整天。虽然伊军未能把握机会扩大战果，美军却已深感被动，将这一天称为"黑暗的 24 小时"。信息化战争，破击敌人的作战体系，对于夺取作战胜利具有比以往战争更为重要的意义。从削弱敌整体作战能力角度看，击毁敌人 10 辆坦克可能还不如摧毁敌人 1 部雷达，击落 10 架多功能战斗机可能还不如击落 1 架预警机或干扰 1 颗卫星。在激烈对抗、纷繁复杂的战场环境中，精选目标、创造战机、破节击要……都需要指挥员的辩证分析，精心谋划。

（四）谋瓦解对手的作战意志

战争不仅是武器装备的对抗，更是敌我双方战斗精神的较量。拿破仑指出："战场上的胜负，有四分之三取决于精神因素，有四分之一取决于其他条件。"克劳塞维茨说："物质的原因和结果不过是刀柄，精神的原因和结果才是真正的金属，才是真正锋利的刀刃。"军心士气对任何一支军队来说，都是物质力量的灵魂。这股无形之气，对部队的战斗力始终发挥着根本性作用。所谓"气实则斗，气夺则走"。军队士气的高低，是预示作战胜负的重要标志。攻心夺气历来是谋略筹划的重要方面。

冷战结束后，世界大战演化为局部战争，胜利不再表现为歼灭敌重兵集团，占领敌国领土，而更注重对资源、市场的控制和对价值观的影响，更注重获得一种有利的战略态势，实现战略主动。认知域作战在现代战争中地位更加凸显，并发挥出重要作用。战争目的由以往的"消灭敌人，保存自己"，转变为"控制敌人，使之服从我的意志"。1982年英阿马岛战争，英军实施积极的封锁作战，最大限度地削弱、瓦解阿军意志，终于迫降了对手。1999年第二次车臣战争，俄军积极运用心理战战术，以最小的代价阻止了国家分裂。军事对抗的有限目标、有限目的决定了暴力使用的有限性。信息化战争时代，从物质上消灭对手已不是制胜的唯一手段，更不是决定性手段。美军经历十年反恐战争，最终不得不从伊拉克和阿富汗战场狼狈撤军的无奈表明：具有压倒性优势的一方，破击对手的作战体系容易，打赢每一场有准备的战斗也不难，但如果不能摧毁对方的抵抗意志，就不可能最终赢得战争，更谈不上赢得和平。信息化战场上，心理战已成为一种相对独立的作战样式，东方谋略中的"攻心为上"，彰显出新的时代价值。

二、信息化战争谋略运用面临的挑战

信息化条件下作战，科技的进步，装备的发展，及我军与强敌相比在技术和装备上存在的差距，都给我军谋略的运用带来严峻的挑战。主要表现在以下几个方面：

（一）强敌侦察手段先进，隐真示假谋略奏效难

战阵之间，不厌诈伪。谋略运用与伪装欺骗密切联系。我国古代兵学家说："善制敌者，愚之使敌信之，诳之使敌疑之。"其意是：善于克敌制胜的用兵者，愚弄敌人使其信以为真，欺骗敌人使其产生怀疑。信息化战争，瞒天过海、声东击西、调虎离山、引蛇出洞等谋略运用，必须借助伪装欺骗手段愚弄、迷惑敌人。而且欺骗手段必须非常高明，能够令敌信以为真，否则，一旦被其识破，将计就计，反会使我陷于被动。

目前，强敌凭借电子侦察、网络侦察、雷达侦察、多光谱侦察、空间侦察等先进的侦察技术和装备已经构建起陆、海、空、天、电全维一体的情报侦察体系，具备了对战场进行全天候、全天时、全方位的侦察、监视和定位能力，并努力保持其技术优势，谋求战场的单向透明。美军的侦察卫星可以准确识别甚至详细描述战场点状目标，并可探测到3～5米沙层下的坦克和水下40米的潜艇；预警机可以发现500～900千米以内的电磁信号，对300～600千米以内的空中目标可同时搜索、跟踪600多个，询问和识别200多个，处理300～400个；电子监听站和电子侦察船则可对广大的陆地和海上电磁辐射源进行侦察监视和精确定位。海湾战争期间，美军在很短的时间内就在海湾地区形成了门类齐全的卫星侦

察情报系统，并大量使用了无人侦察机、预警机、战场监视雷达、遥控传感器等多种侦察器材，这使得多国部队对伊拉克的很多重要情报了如指掌。美军参谋长联席会议主席鲍威尔上将极为自豪地说："从来没有哪一位作战指挥官能像我们的战场指挥官那样全面而完整地了解其对手。"近年来，世界强国的侦察预警系统都有了长足进展，美国的情报侦察体系更是日臻完善，可提供实时近实时的战场情报。

强敌拥有先进的侦察、定位器材，对我军的隐真示假谋略运用带来严峻挑战，这就要求我们必须探索现代条件下切实能够蒙蔽对手的伪装欺骗手段，确保我军能够有效地运用诡道谋略，达到孙子所说的"形之，敌必从之；予之，敌必取之。以此动之，以卒待之"，从而克敌制胜。

（二）强敌信息技术领先，夺取制信息权难度大

美国著名未来学家托夫勒曾预言："谁掌握了信息，控制了网络，谁就将拥有整个世界。"美国是信息技术的发源地，近半个世纪以来，美国的企业、政府、军方、科研机构相互携手，主导着全球网络信息技术和产业的发展进程。英特尔遵循摩尔定律引领芯片技术的创新迭代；高通以专利授权模式构筑全球移动通信技术生态圈；微软操作系统凭借广泛的兼容性和捆绑战略得以长期垄断；IBM、谷歌等 IT 巨头引领云计算、大数据等新技术应用。20 世纪 90 年代初推行的"信息高速公路"建设，已经让美国在互联网技术方面独领风骚，获取了巨大的战略利益。90 年代末提出的"数字地球"理念，进一步刺激了美国信息产业的高涨，确保其在全球信息化时代主导地位的稳固。无论"信息高速公路"还是"数字地球"，实质上都扩大了美国的利益空间，先机占领了所谓的"第四领土"，为美国维系全球霸权的军事战略提供技术支撑。目前，全球 13 台域名根服务器，1 台主根服务器在美国，其余 12 台副根服务器中，9 台在美国，剩下 3台分别在英国、瑞典和日本。从理论上说，通过根服务器，能够轻易地进行全球性情报窃取、网络监控和攻击。因此，美国可谓牢牢控制着全球互联网的"总开关"，成为网络世界天生的"霸主"。斯诺登曝光的"棱镜门"事件也证明，美国凭借强大的技术优势和基础建设优势，控制了全球网络的硬件和软件，具有监控世界和打击任何国家的强大网络作战能力。

毛泽东曾经指出：指导战争的人们，不能超越客观条件许可的限度期求战争的胜利。从哲学上讲，实力与谋略的关系，就是客观与主观的关系。在构成实力的诸多要素中，武器装备历来占据重要一席，随着科技的发展，其地位也愈发

突出。技术差距太大甚至形成了"代差"，谋略作用的发挥就会受到极大限制。有人统计，如果将1965年日本的信息化水平定量为100，则美国为242，德国为103，而我国1985年时才达到38，只相当于美国20年前的1/6，大约相差40年。我国通信事业和信息产业起步落后，基础薄弱，近年来虽发展迅猛，赶上甚至超过了一些发达国家，但与美国这样的超级大国相比，差距仍然很大，尤其核心技术受制于人带来的安全隐患仍非常突出。承认落后，正视现实，技术装备奋起直追，战术运用扬长避短，是我们与强敌争夺制信息权时应该把握的指导思想。

（三）强敌重视全维防护，体系破击不易实现

"善战者，先为不可胜，以待敌之可胜。不可胜在己，可胜在敌。"善于用兵的人，要先立于不败，尔后才寻机破敌。世界各国军队都重视自身的安全防护，美军更是一直在刻意追求"绝对安全"。2000年5月美军颁发《2020联合构想》，明确提出"全维防护"概念，这是美军为适应未来作战获取全维优势而提出的一个防护新概念，其实质是通过各种主动和被动手段或措施，为兵力甚至所有需要安全保障的目标提供全时域、全空域、全频域的防护。美军实现全维防护的方法：一是利用信息优势，提高侦察、监视和预警能力；二是以进攻性行动，摧毁对方打击兵器，特别是远程大规模杀伤性武器；三是以战区导弹防御系统和国家导弹防御系统提高对远程精确打击的防护能力；四是以安全保密、伪装、隐蔽等被动性手段进行防护。不容有失的重要部位和易遭攻击的明显短板往往都会得到着意掩护加强。美国的信息支援网络是目前世界上最完善、最精确、抗干扰、抗摧毁以及自我修复能力最强的信息网络。仅攻击、瘫痪其少数几个节点很难阻止其发挥作用。对这样的体系实施攻击，远非纸面上那么简单。多数情况下都是美国在主动破击对手的信息支援体系。

在战前筹划方面，美军借助高度发达的作战仿真技术、虚拟现实技术和兵棋系统等反复推演、评估、修改、完善作战预案，尽可能地以设计战争代替解析和应对战争，取得了显著成果。2003年伊拉克战争爆发前，美军利用兵棋系统，在卡塔尔多哈郊外大漠中悄然展开"内窥03"演习，彩排"攻伊倒萨"作战预案。据称，这次演习的结果和随后美军进攻伊拉克，并在作战中取胜的方式和结果几乎完全一致！科学周密的预先谋划使得美军的作战部署、行动方案基本不会露出大的破绽，近几场局部战争或特战行动，美军常常"像训练一样打仗"。实战中，即使出现意料不到的突发情况，美军往往也能做到凭借强大的体系支撑迅

速地弥补。

　　信息化战争是系统与系统的对抗。强敌在信息力、火力、机动力、快速反应能力等方面优势明显，兵力上的"弱"，可通过火力上的"强"来弥补；地面上的"弱"，可通过海上、空中、外层空间的"强"来提升。此时此地之"弱"，在极短时间内就可能得到超常规加强。面对高度警惕、重视全维防护之强敌，体系破击绝非轻而易举之事。

（四）强敌强调攻心夺气，认知领域对抗激烈

　　战争作为一种血腥的较量，必然会遇到许多艰难困苦和重重阻力，没有坚强的意志，就不可能完成作战任务。心理活动，是驱动血肉之躯实践战争活动的内在动因，影响甚至操纵它，就可以在相当程度上影响甚至操纵战争，所以心理战历来是战争的重要部分。20世纪末，心理战在理论和实践方面都得到极大发展。美军提出，心理战是20世纪进行战争的主要手段之一，"是区别于陆战、空战、海战的第四种作战样式"，并将其写入《作战纲要》列为重要作战原则。

　　强敌心理进攻的手段、内容多种多样，常见的包括炫耀武力、高压迫降；"器""谋"并举、消极暗示；操纵舆论、抹黑对手；散布谣言、混淆视听；精确干扰、软硬兼施；怒而挠之、火上浇油等。1994年海地共和国不满美国的霸权主义干涉，与美交恶，克林顿以武力威胁，逼迫海地军方领导人塞格拉斯下台。在谈判陷入僵局的最后关头，美国代表打开电视，荧屏上播放出美军轰炸机编队飞临海地，一艘艘巨型战舰破浪而来，82空降师正乘大型运输机从美国机场起飞……现代化传媒手段，形成了一股巨大的信息洪流，将整个海地当局淹没在恐怖的海洋中，塞格拉斯不得不签署协议，交出权力。科索沃战争，北约利用报纸、电台、网络、新闻发布会等各种途径大肆歪曲事实，指责南联盟在科索沃制造人道主义灾难。同时将南联盟新闻机构、人员和设施列入军事打击目标，直接轰炸具有心理战功能的广播电台、电视台等硬件设施，使南联盟宣传力量锐减80%以上，压制了南联盟的正义之声。伊拉克战争，美军利用新闻媒体散布谣言，一会儿说以萨达姆为首的伊拉克高层领导核心全部在"斩首行动"中丧命，一会儿宣布伊军第51师师长率8000人投降，削弱了伊军的战斗精神。美军还给萨达姆的很多军政要员发送手机短信，一边重金收买，一边人身威胁，接收者很容易想到车臣匪首杜达耶夫因接打手机被俄罗斯精确定位并击毙的下场，伊军很多高层领导在高压之下意志动摇放弃抵抗。针对伊拉克青年军人"易怒"的性格特点，美军还采取了阴险狡诈的"火上浇油"行动。突入巴格达的装甲部队增配

了几辆安装了高音喇叭的"悍马"吉普车，在进入任何易遭伏击的地段前，都不停地播放辱骂伊拉克人是胆小鬼的录音，一些伊军官兵在美军挑衅广播的刺激下，冲出隐蔽处"捍卫自己的荣誉"，结果成了美军坦克和步战车的靶子。

攻击对手心理防线的同时，强敌也非常重视己方的心理防护。美陆军《作战纲要》指出："指挥官和参谋机构必须警惕疲劳、恐惧、不守纪律和士气下降的蛛丝马迹，并在这些因素的综合影响将部队推向崩溃的边缘之前采取纠正措施。"美军强调采取心理激励、心理疏导和心理治疗等手段缓解官兵的消极心理，保持旺盛的斗志。

可以想见，未来信息化战争中，在心理战这个兵不血刃的战场上，强敌与我必将上演激烈异常的对抗。

三、解决信息化战争谋略运用困难的对策

强胜弱败是战争的一般规律，以劣胜优、以弱胜强从来都是一项艰难的创造性活动。尽管不容易，但不是不可能。我军从战火硝烟中一路走来，屡屡在"剑不如人"的条件下因"剑法"的创造性活动而取胜。信息化战争下，对抗技术、装备优势明显之强敌，"补短"的基础上更要"扬长"，必须发挥我军战争指导上的谋略优势，谋奇谋新，谋出克敌制胜的奇招妙策。

（一）散布"战争迷雾"，筹谋多方惑敌

军事欺骗主要包括三种形式：蒙蔽式欺骗、迷惑式欺骗和诱导式欺骗。蒙蔽式欺骗，通过严密伪装和严格保密等措施，尽可能地封锁所有通向敌人的信息传递渠道，使敌人对我企图和行动毫无察觉，进而达到军事行动的突然性。迷惑式欺骗，通过发出大量真假混杂且难以辨别的信息，增大信息识别的模糊度和信息分析处理的复杂度，使敌对我的企图和行动感觉迷惑，进而导致敌行动犹豫不决或被迫分散兵力等。诱导式欺骗，是通过发出高清晰度的欺骗信息，将敌引入歧途，进而达到声东击西的目的。

信息化条件下，战场日趋"透明"，单一的欺骗措施很难成功，即便偶尔奏效往往也只能在很短的时间里蒙蔽敌人，要想困敌惑敌，达成突然性，必须精心筹划，多方误敌。

信息化条件下出敌不意固然困难，因为我们或许很难骗过对手的"眼睛"。但正如哲学上讲的，现象比本质更加丰富多彩一样，战争中的"示形"，远比对抗双方的实际企图更加奇妙莫测。信息化战争下，单纯运用隐真谋略不能完全蒙

蔽强敌功能互补的高技术侦察，而示假技术正在发挥越来越重要的作用。各国军队装备的充气式、膨胀泡沫式、发泡式、装配式制式假目标具有外形逼真、批量生产、结构轻巧、运输方便、架设与拆收快速等优点；就地征集或利用就便材料加工制作的假人、假工事、假兵器、假渡口等假目标也取材方便，经济实用。通过涂抹适当的涂料，设置假热源和无线电发射器等手段，甚至能够有效迷惑敌人的红外侦察。海湾战争和科索沃战争中，示假技术有效地欺骗了空中侦察，吸引了大量造价昂贵的精确制导武器，使美军的空袭命中率与预想效果相去甚远。我军伪装器材发展也很快，目前已经有了成套的制式假坦克、假火炮、假桥梁、假人甚至假弹坑设备，这些设备造价低廉，外形惟妙惟肖，功能极其逼真，比如假导弹发射车，不仅可以竖起导弹，还能自己"点火发射"。先进的信息技术虽然能帮助人们看到"山那边的事情"，却不能保证人们及时看懂对手企图。如果技术得力，谋略得当，时机得体，多法并举散布"战争迷雾"，则完全可能骗过对手的"大脑"，大大提高军事行动成功率。

（二）"技""谋"结合制敌，夺取制信息权

当今世界持续发生的新军事变革，是由以信息技术为主的新技术群在军事领域广泛运用引发的，"信息力"逐步成为新的核心军事能力。拥有信息技术优势、拥有制信息权，可以极大地降低"大吃小""多吃少"的效应，放大"快吃慢""准制偏"的效应。信息化战争中，掌握信息优势并有效转化为决策优势的一方，必然能够更多地掌握战场主动，战略指导不出大错即可锁定胜局。

与强敌争夺制信息权不仅要依靠先进技术，也要重视谋略运用，应强化"技""谋"结合制敌意识，寻求谋略运用的突破。施谋用计与恰当发挥技术装备的作用都是对抗的基本手段，两者相互依存、互相促进，尤其在信息化条件下，部分指挥谋略已渗透到网络化作战计划与执行控制的过程之中，物化到导弹突防技术、战斗部攻击方式、假目标掩护原理等层面的程序中，只有实现寓谋于器、以谋驭器，才能优势互补，最大限度地提高作战效益。

石墨炸弹又称电子炸弹，是一种由战术弹药布撒器和子弹药构成的子母弹。每个布撒器装填约 200 枚形同易拉罐的子弹药，内装少许炸药和大量直径为 0.1mm 量级的导电能力极强的石墨纤维。攻击时，作战飞机可在 6 千米的高空投弹，当布撒器降落到目标区域上空一两千米高度时，弹箱打开，子弹药向四面抛出，抛出的炸弹尾部装有一个对弹药罐起稳定作用的小降落伞，待弹药罐稳定后，降落伞脱离，同时炸弹引爆，大片大片的石墨纤维乌云般飘浮在空中，一

旦搭接到高压变电设备或输电线路上，即成为一个个强导电体，导致高压线频频短路，造成输电中断，线路着火，甚至烧毁变电站设施，瘫痪电网，形成大面积的停电。科索沃战争中，美国用石墨炸弹，对南联盟境内的供电系统进行了大规模轰炸，造成南联盟境内70%以上的地区停电，给南联盟军队的作战和人民的生产生活带来严重影响。破坏供电系统仅仅是石墨炸弹在技术运用上追求的目标，其战术运用同样值得重视。在没有经验缺乏防范的情况下，一旦受到石墨炸弹袭击造成大范围停电，重要的军事设施和单位必然自动或迅速启动备用的发电设备恢复运作，如此则极易暴露自己的位置、规模和重要程度，遭到强敌近乎实时的精确打击。对于石墨炸弹这类破坏供电系统的技术装备，使用时要有意识地准备捕捉可能出现的"硬摧毁"战机；防范时则要注意在保障要害部门迅速恢复供电的同时做好光、电、磁、声、热等全方位的隐蔽。

　　计算机网络是信息化战争的重要依托。激烈的网络对抗中，仅依靠防火墙、入侵检测系统和防病毒软件来保障网络系统的正常运转是远远不够且非常被动的。针对网络攻防中防御手段单一的问题，网络安全专家们设计开发了网络诱骗系统，国外称之为"Honeynet"（蜜网）。Honeynet是一种通过吸引对手攻击从而产生价值的安全设施，是设计用来观测记录黑客如何探测并最终入侵的系统。其内部运行着特殊用途的"自我暴露程序"和多种多样的数据记录程序，系统一旦遭到探测就开始记录黑客所使用的技术、工具和操作步骤，目的是使安全管理员有的放矢地加强自身网络的安全设置，提高抵御类似入侵的能力。业界普遍认为：网络诱骗系统是补充和增强网络安全体系的重要资源，其价值在于被发现、被探测、被攻击，并借此分散对手注意力，延迟对真实系统的入侵时间，发现和弥补己方安全漏洞，保护真实系统安全。研发和维护一套功能完善能够以假乱真的网络诱骗系统需要耗费大量的人力、物力资源，单纯考虑技术上的运用将其作为"李代桃僵"的牺牲品显然没有物尽其用。如果精心设计若干虚假情报和一些过时或意义不大的真实情报一起存放在网络诱骗系统中，完全可能令敌方黑客在煞费苦心之后扮演《三国演义》中盗书的蒋干的角色。同理，我们在攻击对方网络时获取的信息也不能轻信，而应多方验证去伪存真。

　　科技的迅猛发展及其在军事上的广泛应用催生了越来越多功能强大的技术装备，指挥员如果只满足于了解它们的技术性能，掌握其常规情况下的使用和防范，而忽视这些技术装备在战术运用方面的研究，则不仅容易丧失电光石火般的战机，甚至可能落入对手设计的圈套遭受灭顶之灾。相反，创造性地用好这些技术装备，可以大大提高作战效益，不仅利于夺取制信息权，甚至可能取得出乎意料的巨大战果。

（三）洞察对手弱点，实施体系破击

信息化战争是两个复杂系统间的对抗。系统既有 1+1>2 的功能，也存在 100-1=0 的脆弱。从哲学上讲，任何事物都处于向自己对立物转化的过程之中，都是强与弱的辩证统一，都不可能无懈可击。未来战争对抗强敌，不能简单鲁莽不计代价地"硬碰硬"，更不能以卵击石，而要善于洞察对手的强中之弱，创造条件、选准目标、把握时机，破体胜敌。

一是找出强敌的天然克星。唯物辩证法告诉我们：无不陷之矛，莫不陷之盾。世界上的事物都是一分为二的，耀眼的光辉下必有阴影相随。武器装备最终输出的诸多功能并不全是相辅相成。某些功能的相对强大与某些功能的相对脆弱存在必然联系。突出某一方面，很难兼顾其他，甚至可能露出破绽，留下隐患。所以对手强大的战斗力只能表现在某些方面，一旦找出其天然克星，则破之有望。克星有明有暗，明的如步兵怕坦克，坦克怕武装直升机，武装直升机怕防空武器等。现代战争，单一军兵种唱独角戏的时代早已过去。对那些明显的短板，敌人一定会着意弥补加强，力求实现功能互补，充分发挥作战系统的整体合力，但体系作战的协同保障工作相当繁杂，很难做到面面俱到、滴水不漏。越是高技术的武器装备及军兵种，就越不可能像普通枪炮或传统步兵那样，具有较大的简易性和相对的独立性，就越需要倚重编成及保障机制上的系统性。分解敌系统的整体结构，降低其复杂性，可能使其退化为简单的线性系统；干扰敌系统的耦合性与运行秩序，刻意放大其复杂性，可能打破敌系统的稳定有序甚至令其陷入混沌。这些都能破坏敌作战系统的整体涌现性，为我创造避长击短的"攻击窗口"。此外，窥破对手暗藏的致命缺陷往往能"一招封喉"。火烧藤甲兵，钩镰枪破连环马，高压水龙冲垮巴列夫防线皆能说明此理。

在战争需求刺激下，人工智能在军事领域的发展异常迅猛。信息化战争形态正由"数字化＋网络化"的初级阶段，向"智能化＋类人化"的高级阶段加速演进。截至 2013 年，美军已列装约 8700 架无人机和 1.5 万个机器人，无人系统成为美军行动不可或缺的重要力量。西方强国积极研发军用机器人，企图利用新型作战能力压制竞争对手，谋求世界霸权的野心昭然若揭。面对呼之欲出的智能化战争，我们必须未雨绸缪。一方面，应追踪人工智能技术的发展，瞄准世界无人武器发展潮流，加快完善我军无人化装备体系；另一方面，应加强无人化作战研究，探索克制"终结者"集群的有效对策。特别要警惕，随着纳米技术的日臻成

熟，各种微型机器人发展迅猛且成本骤降。未来对抗强敌铺天盖地蜂拥而至的机器人军团，擅长"点杀伤"的各类精确制导武器容易应接不暇且费效比太低，使用具有大规模毁伤效应的"面杀伤"武器可能是更好的选择。刚结束不久的围棋"人机大战"对我们备战智能化战争也有启发。"阿尔法狗"的胜出，显示出人工智能在已知历史数据的支持下，能做出远胜人类的高速搜索，但这种技术仍有缺陷，第四局中，李世石凭借"神来之笔"构造出劫争之势，巧妙营造了一种欺骗模式，终于扳回一局。这场宝贵的胜利提示我们，所谓的"人工智能"毕竟"智能"有限，难以处理未知情景，难以对抗人类社会的本质复杂性。未来战争中，充分发挥人的想象力、创造力，针对对手程序化的弱点施谋用计，无疑是克敌制胜的重要手段。

二是攻击强敌脆弱的部位。信息化战争质的规定性是电子技术无所不在的渗透和网络技术纵横一体的支撑。战斗力的"强"，首先和决定性的表现为信息能力"强"。强敌最大的优势是其复杂系统表现出的整体功能，"打要害、破体系"，"毁网断链"是我夺敌所恃、破彼之强的基本着眼点。用系统思想和系统方法去分析问题，就容易找到制胜的枢机。1991年，一个美国农民埋一头死牛时，无意间挖断了美国联邦航空署运输控制系统的传输光缆，致使其四个主要控制中心关闭了五个多小时，信息社会脆弱性的一面可见一斑。

复杂网络具有鲁棒性与脆弱性的统一，即对随机的故障或攻击具有很强的承受能力，但对智能或蓄意的攻击却极其脆弱。互联网有关实验显示，即使从路由器中随机选择的失效节点比例高达80%，剩余路由器仍然能组成一个完整的集群并保证任意两个节点的联通。而如果蓄意攻击拥有大量连接、对网络拓扑结构稳定性起着关键支撑的集散节点，一旦成功，与之相连的众多连接都会被切断，网络将变得不堪一击。实验证明：超过5%的集散节点同时失效，就足以瘫痪整个网络。集散节点通常位于"三大网络"（即通信网、雷达网、计算机网）和"四大目标"（指挥中心、通信枢纽、雷达站、计算机网络关键节点）中的链路顶层发端和信息流交叉处。精心筹划，同时攻击破坏对手一定比例的集散节点，将大大削减敌作战能力，甚至瘫痪其整个作战体系。尽管强敌加强了对集散节点的防护，但由于系统高度的关联性，某些相关部分被破坏或失效时，集散节点也会随之变得脆弱。例如全球信息栅格要连接整合大量网络，不同地域、不同类型、不同级别的通信连接方式复杂多样，需要采取不同的路由机制，建立大量路由转化接口来实现端到端的无缝连接，路由转换节点就可以作为攻击和干扰的目标。

与信息系统一样，后勤保障系统的重要性和脆弱性也是公认的，对劳师袭远的一方更是如此。拿破仑说"整个战争艺术的秘密，就是使你自己成为交通线的主人"。海上运输航程远，目标大，易受攻击；陆上战线拉长后，漫长的补给线同样防不胜防。尤其随着全方位、大纵深打击模式的广泛运用，后勤遭袭的概率日益增大，后勤的破坏与反破坏斗争更为激烈。阿富汗和伊拉克战场上，2003年至2007年间，美军燃料运输遇袭近3000次，2010年更是高达1000次以上，战斗力实际上已被极大削弱。

三是捕捉强敌虚弱的时机。在军事谋略学中，"机"是一个非常重要的概念。战机就是军事对抗过程中出现的有利于我而不利于敌的关键时刻。从运用角度讲，有察机、趁机、握机、造机等。强敌既不可能处处强，也不可能时时强，既有相对脆弱的部位，也有相对虚弱的时机。如疏于防备、弹药告罄、孤立突出或指挥中断等。赤壁之战，曹操轻敌大意，疏于防备，孙刘联军抓住东风骤起之机，一把大火烧出数十年的天下三分。第一次世界大战，法国炮兵的一发偏弹碰巧引爆了德军的秘密弹药库，法军迅速向缺乏炮火支援的德军阵地发起猛攻，取得了凡尔登大捷。解放战争中的孟良崮战役，国民党军五大主力之首的整编第74师骄横冒进，孤立突出，我军抓住战机围而歼之，一举打破了敌人对我山东解放区的重点进攻。前面提到的，伊拉克战争美军遭遇"黑暗的24小时"，就是因信息系统被破坏，指挥中断而造成的军心不稳、战斗力锐减，虽然伊军未能把握，但这的确是一次难得的可乘之机。《孙子兵法·军争篇》讲到："善用兵者，避其锐气，击其惰归，此治气者也。以治待乱，以静待哗，此治心者也。以近待远，以逸待劳，以饱待饥，此治力者也。无邀正正之旗，勿击堂堂之阵，此治变者也。"孙子的"四治"之说，无不包含着利用时间，通过避敌、诱敌、扰敌、困敌等手段，令敌人在时间流逝中或暴露弱点，或耗尽能量，跌至战斗力的"谷底"，我再趁机破敌的谋略思想。兵圣的真知灼见，超越时空，在信息化时代仍值得潜心钻研，发扬光大。

（四）坚持"以我为主"，"致人而不致于人"

你可能被迫退却，你可能被击败，但只要你能够左右敌人的行动，而不是听任敌人摆布，就仍然在某种程度上占有优势。主动与被动是反映军事活动中是否拥有行动自由权的一对重要概念。力争主动，力避被动，是取得军事斗争胜利的重要条件，也是对军事指导活动的基本要求。随着时代发展，战争形态、战争时空条件、战争手段、战争方式方法等都发生了深刻变化，但人在战争中的决定性因素没有变！无论昨天的战争、今天的战争，还是明天的战争，主动权都是军队的命脉。

信息化战争，强敌必然千方百计试图从心理上摧毁我战争意志。大规模杀伤性武器的使用，战场的全维立体性和战争进程的急剧性，都可能造成比以往更加惨烈的流血牺牲，更加严酷的斗争环境。在这样的考验面前，综合实力和作战技能固然重要，但敢打必胜的战斗精神和高敌一筹的指挥谋略也断不可少。奇谋良策往往在坚持中产生，也往往在坚持中才能奏效。所谓狭路相逢勇者胜，就是当生死存亡的考验来临之际，心理与生理的抗争达到极限之时，看谁更能咬紧牙关，比对手多坚持一下。谋略创造，不只是一种智慧，也是一种意志、一种精神状态。只有在良好的精神状态下，保持争取胜利的信念之火不灭，才可能抓住战机创造奇迹，赢得胜利。

孙子说："善战者，致人而不致于人。"作战中的谋略运用，贵在保持主体意识，以主体性争取主动权。不是服从规则，而是制定规则；不是适应战场，而是设计战场；不是被对手牵着鼻子走，而是诱导对手走我希望的路径。尤其是劣势方对抗强敌，若想摆脱被动，就不能"与龙王比宝"，不能遵守对方制定的"游戏规则"。必须利用战术、技术、力量及战场环境等方面的不对等性，通过"非对称作战"，以己之长克敌之短。鲍威尔总结越战教训时说了这样一段话：我们总对技术抱有幻想，认为敌人太原始，而我们是世界上技术最先进的国家，因而认为这个仗没什么可打的。"我们总想与北越军决一死战，来一次越南的'滑铁卢'、硫磺岛、仁川，但他们拒不合作。无论我们的打击有多重，北越军部队总会隐没进入山岳地带的庇护所或进入老挝，重新武装，重新组建，然后又出来打。"显然，正是由于越南人民军的"拒不合作"，不按美军的想法出牌，坚持"非对称作战"，拖垮耗尽了美军的战争意志，最终战胜了强大的对手。

翻翻战史不难发现，古今中外任何军队巧妙运用非对称手段，都可能重创强敌。抗日战争中我军夜袭阳明堡机场，卫国战争初期苏军训练军犬敢死队炸毁德军坦克，阿富汗游击队抗击苏军入侵以及2007年爆发的黎以冲突，都是劣势一方通过"非对称作战"以弱破强的经典战例。一定意义上讲，毛泽东在革命战争年代提出的"你打你的，我打我的"，就是中国版的"非对称作战"。技术决定战术，但技术绝不会自然而然地变成克敌制胜的战术。在信息时代，创造条件可以促使强弱转化的军事辩证法并未过时，非对称制胜仍然值得我们与时俱进地深入研究。例如，现阶段我们的"神龙"不一定要全面赶超X-37B，能够有效威慑强敌的天基系统即可；同样，我们的航空母舰、歼-20战机等也不可急于追求与强敌打堂堂之战，能攻击对手的港口、基地、预警机等目标，解决从无到有、不断提高的问题就好。

谋求非对称制胜，不一定需要超前的概念、领先的技术、复杂的系统，更不一定局限于枪对枪、炮对炮或你攻我防的一一对应。俄罗斯专家认为：破坏性进攻的耗费，一般不到建设性投入的5%。制胜的关键在于能否找准强敌的要害，批亢捣虚。2011年12月4日，美军一架RQ-170无人机在对伊朗实施侦察时，被伊朗军队抓住导航系统漏洞，向其发布了一组"对号"的GPS干扰数据，诱其降落在伊朗境内，成为"送货上门的俘虏"，造成了世界轰动和美国的极大被动。目前，美国各种装备和武器平台上的GPS接收机数量不下10万，美参联会主席表示："如果没有GPS系统的支持，美国甚至连一场战斗都无法取胜，更谈不上打赢一场战争。"积极研发GPS干扰器材或许也会令强敌头疼不已。相对而言，此类装备投入较少，费效比却很高，值得深入研究。

信息时代的战争制胜规律仍然是科学与艺术的统一。在"透明化战场上"，仍然有许多不确定性存在；一体化作战指挥，仍然有许多"存乎一心"的"运用之妙"。无论面对多么强大的对手，保持主体意识，不让对手按其受训的方式作战，坚持有利于我的非对称作战，是克敌制胜的不二法门。

战略学报　2016.3.1　有改动

正合奇胜：亘古常新的破敌法则

正合奇胜，语出《孙子兵法·势篇》："凡战者，以正合，以奇胜。"意思是通常作战都以正兵当敌，用奇兵取胜。《阵纪·卷二·奇正虚实》也有精彩论述："有正无奇，虽整不烈，无以制胜也；有奇无正，虽锐无恃，难以控御也。"作战只有正兵而无奇兵，阵势虽然严整但不能给对方造成突然猛烈的打击，就难以取胜；只有奇兵而无正兵，攻势虽然犀利，却没有可作依靠的钳制力量，也难以控制敌人。"奇"与"正"相反相对、相辅相成，充满辩证，堪称中国古兵法的精粹，即便在信息化时代仍闪耀着熠熠光辉，值得深入研究，继承创新，发扬光大。

一、谋战不能不谋"正"，"正合"是施谋用计和立于不败的重要前提

指导战争的人们不能超越客观条件许可的限度期求战争的胜利。"正合"更多靠的就是实力。从田忌赛马到朝鲜战争、越南战争、海湾战争、科索沃战争、伊拉克战争，古今中外的对抗实践一再证明：实力是施谋用计的物质基础，"正合"是立于不败的重要前提。

（一）没有佯顺敌意的"正合"，就很难实现出敌不意的"奇胜"

通常情况下，"正合"属于佯动之举，成功的关键在于"取信于敌"。想让对手去做你期待的事，就应先去"做"对手期待的事；想让对手听从调遣，最好先朝着与自己目标相反的方向行动；不能使敌相信我的假招数，就难以隐蔽自己的真动作。要出奇制胜，先得通过"正合"造成敌人的"不意"或"无备"。海湾战争中，萨达姆判断，美军有可能从波斯湾登陆。美军将计就计，在东线采取了一系列欺骗行动：舰队逼近波斯湾，在波斯湾部署海军陆战队并多次组织大规模两栖登陆演习，"海豹"分队沿科威特海岸频繁活动，"特洛伊"特遣队在科威特南部虚张声势，示形动敌。这些佯顺敌意的"正合"，迷茫了伊军视线，钳制了伊军主力，导致伊对美军致命的"左勾拳"行动企图毫无察觉，明白过来时局面已无法收拾。同样，韩信"暗度陈仓"，出敌不意平定三秦，也是因为"明修栈道"的障眼法成功迷惑了对手。"善动敌者，形之，敌必从之；予之，敌必取之。"

善于调动敌人的人，用假象迷惑敌人，敌人就会中计听从调遣；用小利引诱敌人，敌人就会上当前来夺取。争取"奇胜"，首先应做好"正合"的表面文章。

（二）战略上的"奇胜"，有时离不开战役战术层次的"正合"

战略目标决定战役战术层的行动，全局的胜利往往需要局部做出必要的牺牲。辽沈战役，毛主席以非凡的眼光和胆略制定了先取锦州"关门打狗"的宏伟蓝图，此时，国民党外围援军很多，要想夺取锦州必须坚守塔山，挡住援兵，塔山堪称关键中的关键。战前，东北野战军司令部指示：塔山方向要准备抵抗敌人数十次猛烈进攻，这完全是一场正规战，绝对反对游击习气，必须死打硬拼……塔山防线的指战员坚决贯彻上级指示，不惜一切代价，死守到底，经过6天6夜的拼死阻援，终于挡住国民党东进兵团11个师的疯狂进攻，为夺取锦州赢得了时间，通过战役战术层的"正合"，保证了战略上"奇胜"的实现。

（三）需要"正合"的时候，刻意追求"奇胜"容易弄巧成拙

"正合"指的是用兵的常法，反映着战争指导的一般规律。对"正"的认识越深，对"奇"的运用才可能越巧。三国时期，马谡守街亭不听统帅指示和部下建议，放着四平八稳的交通要道不守，非要把营寨扎在缺水少粮、孤立无援的山头上，还自以为是"置之死地而后生"的奇胜之策，结果弄巧成拙，一败涂地。出奇用兵就是反常用兵，反常先要知常。不知用常，焉知用变！知不可为，然后可以有所为，透彻领悟了一般的普遍的用兵原则，才可能根据实际情况，创造"奇胜"的辉煌。

二、制胜力求出"奇"谋，"奇胜"是因时、因地、因人、因势制宜的破敌妙策

力量运用总的原则是趋利避害，尽可能以小的代价换取大的胜利。"奇谋，乃胜战之窍。"出敌不意是争取主动，夺取胜利的重要途径。历史上一些有作为的军事家，大多在波澜壮阔的战争舞台上演出过自己的"奇胜"活剧。当然，"奇胜"不能一厢情愿，必须在"知天知地，知彼知己"的基础上精心谋划。

（一）优势方不重视或不善于智取，取胜往往要付出较大代价，甚至可能遭受颠覆性的失败

具有优势而无准备，不是真正的优势；具有优势而不善谋，亦难赢得"完胜"。苏芬战争，苏军轻敌自大，准备仓促，战术呆板，协同不力，虽然最终力

战屈敌，迫使芬兰割地求和，达成了战略目的，但损兵折将伤亡极大，而且这场惨胜直接刺激了希特勒的侵略野心，实在是得不偿失。我国历史上以少胜多的官渡之战、淝水之战，实力明显占优势的袁绍、苻坚与对手相比，智逊一筹，不重视或不善于出奇制胜，结果都遭到颠覆性失败。"投鞭断流"的狂妄迅即沦为"风声鹤唳，草木皆兵"的狼狈。

（二）劣势方不懂避实击虚，死打硬拼则正中对手下怀，几乎没有取胜的机会

春秋时期的宋襄公在泓水之战中指挥弱小的宋军抗击楚国大军，本可争取"抢占先机"的主动，但其"不击半渡""不鼓不成列""不擒二毛"，坚持与强敌摆堂堂之阵，最后兵败身死，被毛主席斥为"蠢猪式的仁义道德"。"二战"中抵抗意志顽强，号称"永不屈服"的南斯拉夫，在20世纪末科索沃战争中，虽然"以低制高"取得了一定战果，但总体来说缺乏扬长避短、主动出击的奇思妙策和以拖待变、持久抗敌的良谋大略，被动挨打，穷于应付，最终签订屈辱的城下之盟，惨痛的教训，同样值得记取。

（三）奇正相生，循环无穷，一定条件下还会相互转化

奇正本身是对立统一规律和辩证思想在作战指导和战法运用上的体现，正所谓"奇正者，用兵之钤键，制胜之枢机也"。奇与正不但相互依存，在一定条件下还会相互转化。《唐李问对》提出："以奇为正者，敌意其奇，则吾正击之；以正为奇者，敌意其正，则吾奇击之。使敌势常虚，我势常实。"当一种出奇用兵的战术方法被人们普遍认识，甚至已写入作战条令，加以推行之后，该奇法也就成了正法。进攻战斗，通常认为从敌正面攻击为"正"，从敌翼侧或侧后攻击为"奇"。可当侧后迂回被作为普遍的战术原则后，实际中的"奇"与"正"就悄然转换了。成功地用奇，要始终与敌方的判断、部署构成反照。抗战时期，刘帅七亘村重叠设伏，反用"胜战不复"的正道，得收奇效。1979年自卫反击战，敌军针对我一般把主攻方向选在侧后的传统战法，往往着力加强翼侧的兵力火力，而在正面只象征性地摆几个火力点撑撑门面。我军某部认识到这一情况后，突然把主攻方向选在了其阵地正面，侧后迂回改为佯攻牵制，攻其不备，大获全胜。"战势不过奇正，奇正之变不可胜穷也。奇正相生，如环之无端，孰能穷之？"概括地说，奇正相生讲的就是用兵的辩证法，反对绝对化，关键是把握好"运用之妙，存乎一心"。

三、活用"奇正"，与时俱进，不断创新"能打仗、打胜仗"的破敌之术

奇正，原指阵法中的奇兵与正兵，后引申为指挥军队作战的方法，含义甚广，如：先出为正，后出为奇；正面为正，侧后为奇；防守为正，机动为奇；钳制为正，突击为奇；集中为正，穿插为奇；明战为正，暗攻为奇等。新时期，以信息技术为代表的高新技术的快速发展，以系统科学为主体的新学科体系的不断完善，以科技创新为主要推动力的武器装备信息化、精确化、智能化的特征日益明显，加之全球经济一体化格局的逐步形成，都为正合奇胜的与时俱进奠定了基础。

（一）新技术和新理论丰富了正合奇胜的方式手段

物质决定意识，技术决定战术。克劳塞维茨说："要想通晓战争，必须审视一下每个特定时代的主要特征。"当前，世界正处在一个新军事科技成果群体井喷的时代。X-51A高超音速飞行器试飞成功，预示着"九天悬剑"即将铸就；电磁发射技术能以低廉的成本将致命的火力高密度地投送到数百千米之外，其作战效能不逊于昂贵的导弹；激光武器和微波武器则引领着定向能武器的发展……除"打击革命"外，物联网引发的"感知革命"、云计算引发的"计算革命"、量子隐态传输技术引发的"通信革命"均已在军事应用领域初露端倪。新技术的发展，在诱发新一轮军事变革的同时，更加快了军事理论的变革。美军的非对称作战、快速决定性作战、网络中心战、混合战争、空海一体战、跨域联合作战，俄军的第六代战争、非传统战争，印度陆军的"冷启动"作战理论……层出不穷的新技术新理论极大地丰富了正合奇胜的方式手段。现代化战场上，美国、俄罗斯一方面投入大量兵力在正面展开对恐怖组织、对车臣分裂势力的大范围清剿，另一方面则不动声色地悄然筹划"斩首奇袭"。俄罗斯借助卫星定位手机信号，精确打击炸死杜达耶夫；美国特种部队在国防部可视化的全程关注下，隐蔽奇袭击毙拉登。这些战例说明，今天的"奇胜"，既可袭于洲际之远，穿越陆、海、空、天、电、网、认知和心理全域，又能争之毫厘、竞之米秒。从一定意义上说，信息化条件下一切成功或有效的行动，都离不开"奇胜"，此时的"正合"往往表现为实力、威慑或佯动。

（二）全球一体化格局扩大了正合奇胜的运筹范围

"二战"以后，特别是冷战结束，和平与发展成为时代主题，全球经济一体

化令今天的世界格局发生了很大变化。传统的炮舰政策虽未完全消失，但赤裸裸地使用的机会似乎越来越少，更多的将是以政治、外交、经济、科技等多种手段综合运用的争夺形式。历史上一些必须凭借暴力达到的目的，今天可以绕开暴力，通过直接技术知识差来获得。正合奇胜的运筹范围空前扩大，场内用正，场外用奇；明里用正，暗处用奇；舆论用正，行动用奇的机会大大增多。像围棋博弈一样，你在这一块得利，我却不一定在此与你纠缠，可以从另一方向争取主动的契机。为了改变这一角的态势，可以突然改变走法，到别的边角迫你就范。只要透彻把握住对手战略利益的敏感点，"贸易战""货币战""投资战""媒体战""法律战""能源战""农业战"……都有可能配合军事上的"正合"，收到"奇胜"的效果。

（三）瞄准"不对称作战"，群策正合奇胜的制胜战法

正合奇胜不是高级机关和高级将领的专利，作为生成和传递战斗力的能动载体，广大官兵都可以有所作为。纵观历史长河，很多战术原则的修正与刷新，几乎都是那些浴血拼杀的官兵们首创的结果。最近成都军区某炮兵旅线膛炮营营长谢勇辉，实战化练兵中不按常理出牌，屡屡出奇制胜。一次演习，"敌"军装备了新型雷达，己方开火不到 1 分钟就会被反击炮火覆盖。谢勇辉"投石问路"：构筑 A（正）、B（奇）两个阵地，并预置精干侦察力量，在 A 阵地上只放一门炮，开火诱敌，查明敌位置后，B 阵地上的主力快速射击，以损失一门炮的微小代价力克强敌。另一次对抗，"敌"坦克分队倚仗先进的预警系统，采取"你进我退，你退我进"的袭扰战术，给炮兵旅造成很大威胁。谢勇辉出人意料地请缨出战，先指挥全营编织火网，将敌坦克困在十几千米外的山谷内（正），尔后命 10 名战士携单兵反坦克导弹，抵近精确打击（奇），用一记漂亮的"弹炮组合拳"全歼"来犯之敌"。谋略运用正在从神秘庙堂走进军营，走向活跃在练兵场上的广大官兵。

信息化时代，"能打仗，打胜仗"的强军之要，要求我们正视"不对称作战"的客观现实，结合时移势易的情况推陈出新，使奇正运用焕发出无愧前人和未来的时代光华。

解放军报　2013.9.10　有改动

敢战善战创奇迹

——从戴瓦特上尉单机破敌说起

海湾战争伊拉克惨败，但在这场一边倒的战争中，伊拉克空军却有一位名叫祖赫尔·戴瓦特的上尉表现抢眼，独自驾机单挑美军机群，不仅冲乱美机编队，还击落一架敌机全身而退。

1991 年 1 月 17 日凌晨海湾战争爆发，美军首先摧毁伊拉克防空作战中心。中心与各空军基地的通信中断，分散各地的伊拉克空军只能各自为战了。就在美军为初战胜利欢欣鼓舞时，戴瓦特已准备出击。很快，他接到命令，拦截一支正向基地袭来的美军航母舰载机编队。十几分钟后，戴瓦特从雷达屏幕发现一群密集光点正快速扑向基地，美军几乎同时发现了高速爬升并转向迎来的米格战机。美军飞行员迅速展开全域扫描，试图锁定、击落对手，但戴瓦特始终与美军编队保持 30 千米的距离，他的速度很快，美军锁定不了。随后，艺高胆大的戴瓦特开始驾机横插美机编队，准备攻击。挂满炸弹的敌机笨拙迟缓，很难规避。美军指挥官立即命令编队外围的几架战机丢掉炸弹，改用制空方式投入拦截。戴瓦特没按美军规则"出牌"，再度迅速右转，脱离敌导弹射程。虚惊两场的美军编队刚松了口气，预警机又传来通报，米格战机竟开始逆时针转弯，像一条怪蛇般闯入美机编队，左冲右突、辗转腾挪，居然没有一架美机能锁定它！经过一番高速机动，戴瓦特锁定了一架 F/A–18，果断发射两枚导弹击落目标，溃围而去。

1980 年"两伊"战争爆发以来，伊拉克军队在长期的战争环境中，始终没有出现一位能让世人记住名字的将领，但戴瓦特上尉的表现可圈可点令人钦佩。他驾驶的米格 –25 曾是全世界最先进的战斗机，在 20 世纪六七十年代创造了多项世界纪录。可由于 1976 年苏联空军上尉别连科驾机叛逃，米格 –25 所有的性能指标都被西方掌握。海湾战争中对阵美机，米格 –25 除了速度较快之外，已经没有优势。从双方实力对比看，单机迎敌的戴瓦特此次任务颇为悲壮，更像一次毫无希望的"自杀袭击"。但戴瓦特没有悲观迟疑，毅然决然地升空迎敌，并且有勇有谋，不急不躁，将自己的速度优势发挥到极致，始终保持着"致人而不致于人"的战场主动，终于抓住机会，吐一口扬眉之气。

强胜弱败是战争的一般规律，但军事领域的不确定因素很多，克劳塞维茨说："战争是不确定性的王国。"总结戴瓦特的胜利不难看出，敢战是制胜的前提。所罗门王说："危险来临时，如果你害怕了，力量就会减小。"所以，面对强敌，即便没有胜利的把握，军人也必须英勇无畏，一往无前。保家卫国的神圣使命决定军人不能贪生怕死，不能回避流血牺牲。只愿投身于有胜利希望的战斗的军人，不是真正的军人。"二战"初期，敦刻尔克大撤退期间，为了挡住德军追兵掩护主力撤回本土，英军很多阻击部队受领并坚决执行了"战斗到死"的命令；第四次中东战争，疏于防备的以色列军队初战损失惨重，在极其被动的情况下，以色列上自国防部部长，下至普通官兵都没有惊慌失措，更没有放弃抵抗，而是怀着高度的爱国主义和牺牲精神义无反顾地投入战斗，最终力挽狂澜，反败为胜。中国人民解放军的征战史，更是一部英勇奋战以弱胜强的斗争史。强渡大渡河、飞夺泸定桥、死守刘老庄、跃进大别山、鏖战上甘岭……人民空军中的孤胆英雄张积慧、王海等也不乏名垂千古的精彩。这支军队有着压倒一切敌人而决不为任何敌人所屈服的英勇气概，这种逢敌亮剑，有我无敌的精神值得我们永远继承发扬。

军队的根本职责是保卫国家利益、捍卫民族尊严，仅仅"敢战"远远不够，还必须做到"善战"，这才是制胜的法宝。胜利绝非臆想的产物，更不是仅凭气血之勇就能轻易获得。我们强调勇于"亮剑"，鼓励合理冒险，但不提倡匹夫之勇。敌情不明或取胜把握较小时，孤注一掷死打硬拼是不负责任的赌徒心态。趋利避害，战胜强敌，既需要断然出手的魄力也需要谋高一筹的智慧。要立足现有装备，熟练掌握手中武器，创造性地用好手中武器，将一切可能的战斗力发挥到极致，才能打出以己之长击敌之短的奇迹和辉煌。

中国国防报　2016.4.7　有改动

加快提高无人化作战能力

据外媒报道，韩国科学技术院正在研发多种对抗朝鲜无人驾驶飞行器的反制无人机。有的无人机装备了捕捉网，可以像在海里捞鱼那样在空中捕获其他飞行器；有的无人机可搭载爆破机器人，遂行地面破坏任务。尤其值得注意的是，这些无人作战系统还可集团作业，相互配合、掩护，共同完成任务。

20世纪90年代以来，持续发生的世界新军事变革，已经进入以军队转型为基本标志的整体质变期。各类高新技术，特别是颠覆性技术的迅猛发展，使得作战方式日趋多样化，任何富于想象力的军事家都难以对未来做出确定的描述。但随着人类文明的进步，对降低战争伤亡的需求愈发强烈，与此同时，机器人技术、人工智能技术等支撑无人作战系统的基础技术体系日臻成熟，信息化战争形态由数字化阶段向智能化阶段加速发展的趋势显而易见，无人化战争正阔步走来。

目前，世界主要国家都在积极研制人工智能作战系统，包括无人飞行器、地面机器人、水面和水下机器人作战系统。2006年，美国参议院就对国防部的装备采购计划提出"任何开发有人系统的申请计划，都必须先证明无人武器不能满足该计划"的要求。美2010年《四年防务审查报告》明确提出无人武器要在远程打击武器中占到45%；美海军在2020年前将大量装备无人潜艇，舰载无人机也将于2020年前后装备航母；2035年，美军首批完全自主的机器人士兵将投入实战。俄军预测，到2025年左右，人工智能机器人武器将成为未来战场的主战装备。英、法、日等国也都十分重视发展无人武器系统，正在积极着手建设无人作战力量。2013年底，全球在机器人方面的防务开支超过134亿美元。

韩国的特战无人机技术未必非常先进，但其混合编组，相互配合的战术运用却不容轻视。当无人武器不是一个、两个，一种、两种，而是以"技术群"和"武器族"的面貌集团出现，且运用方式由辅助保障转变为直接作战任务后，其对军队装备体系、组织形态、作战方式、军事理论等的冲击必然急剧扩大。事实表明，机器人武器对战争形态的影响即将完成量变的积累，已经到了质变的临界点。

2014年6月9日，习主席在"两院"院士大会上深刻指出：机器人革命有望成为第三次工业革命的一个切入点和重要的经济增长点。在军事领域，无人技术和无人武器的蓬勃发展，将对战争形态演变产生深刻影响。大力发展无人武器，积极推动无人武器的作战运用，是打赢未来无人化战争的必然要求。

技术决定战术。备战无人化战争首先要明确无人化作战需求，完善无人化装备体系。目前，我军各类无人作战系统仍主要遂行侦察监视、扫雷破障或电子干扰等保障性任务，直接作战能力有限，应瞄准世界无人武器发展潮流，加紧研发直接用于作战的无人攻击机、无人战斗机、无人潜艇等，同时注重发展"察打一体""察扰一体"等多功能无人武器，力求形成大、中、小、微型，远、中、近程，太空、空中、地面、水面、水下，战略、战役、战术级衔接配套、系列化、标准化、模块化的无人化装备体系。在此基础上，积极组建无人化作战力量，创新无人化作战理论，组织无人化作战训练，加快无人化作战力量融入当前的联合作战体系，尽快尽可能提高无人化作战能力。

中国国防报　2015.11.10　有改动

用未来眼光看新型激光武器

据媒体报道，美国海军计划于近期将最新的激光武器部署在"庞塞号"船坞登陆舰上，这是美国海军部署的首个固体激光武器。标志着美国军方长期发展的激光武器即将投入实战，从幕后走向台前。

激光武器作为一种可隐身、"零飞行"时间，拥有无限"弹药量"，可用最低廉的"成本战法"击破"饱和式导弹攻击"的高精度武器，能大大提高部队和设施的防护力，对抗精确制导武器和多种自主系统。1960 年 5 月 16 日第一束激光产生后，美国防部门次年即开始研发激光武器。1973 年美军用二氧化碳激光器击落靶机，1978 年美军用氟化氘化学激光器击毁"陶"式反坦克导弹，1983 年美军用装在加油机上的激光器击毁"响尾蛇"空空导弹，1992 年美军开始激光反导计划……进入 21 世纪，特别是近年来，西方竞相发展激光武器，呈现出新的变革大势。美国波音公司的"激光复仇者系统"、雷神公司的"激光区域防御系统"、洛·马公司的"激光区域防御反导系统"、德国莱茵金属公司的 50 千瓦高能激光武器、欧洲导弹系统公司的 40 千瓦高能激光武器等都已进入使用阶段。专家评论，激光武器发展已步入黄金期。未来的导弹防御系统，不会再是导弹对导弹的拦击，而将是激光对导弹的拦击，下一代战争，必然是基于自主系统的光战争。

先进军事技术作为传统战争形态的否定性力量，总是强制地推动作战方式变革，引起战争形态的历史性变化。人类战争史上几次战争形态的大变革证明，武器装备历来是决定战争形态的重要因素，一款革命性的新武器发展成熟并合理运用于战场，战争形态就会为之改变。

目前来看，不论天基、陆基、机载、舰载还是车载激光武器，距离形成可靠完备的战略武器系统都还有较大差距，因为激光武器的实战应用还存在许多亟待解决的难题。如射界受直线传输限制，战舰上的激光器攻击小型快艇或超低空掠海飞行的反舰导弹有困难；空气吸收、散射和大气湍流，使得激光武器难以全天候作战；不易对付加固的和有反制措施的目标；庞大复杂的供电系统和超强的电流支持需要大量燃料，等等。但是任何新技术、新武器都有一个逐步完善的发展过程，而代表未来发展方向的战略性技术创新，总能在不断克服自身弱点中引领潮流。激光武器天然具备的独特优势，足以为其赢得更为广阔的发展空间。

新技术、新武器不仅改变着战争的面貌，也改变着战争的哲学。如果能研发出提供充足的能量的与激光武器配套的核电池，如果将激光器安装在能够自由变轨、穿梭于大气层内外的空天飞机上，并解决直瞄发射和指挥控制等问题，则这一新概念打击利器完全可能彻底颠覆传统的战场环境和作战方式，甚至可能令当前以信息技术为核心的军事能力产生一个质的、断代式的飞跃，进而引发又一场军事变革。

杜黑说："战争——这是未来的可能性，因此，我们不能用过去的眼光来迎接它。"随着研究的深化，激光技术在通信、导航、侦察、预警等领域的应用日益拓展，正全面渗透并深刻影响杀伤力、防护力、机动力及指挥控制能力等战斗力构成要素。可以预见，激光武器必将对未来战争格局和战法创新产生深远影响！与发达国家相比，我们激光武器的研发和运用皆无优势。后发之军的超越之路是一项艰难的创造性活动，围绕装备如何发展、核心作战能力如何形成、编制体制如何调整及作战理论如何更新等问题，要做的工作很多且时间紧迫。

中国国防报   2014.9.2   有改动

备战光战争刻不容缓

——从美测试激光武器系统说起

据媒体报道，美国洛克希德·马丁公司研制的 30 千瓦光纤激光武器系统在近日的一次外场试验中成功击毁一辆小型卡车的引擎，演示了激光武器的快速精确打击能力和保护军事人员及关键军事设施的能力。光纤激光武器是革命性的定向能系统，柔性光纤能像绳索一样卷曲，因此激光可在光纤内实现长距离加速，而卷曲后的光纤占用空间也大为缩小。由于超大的面容比，该系统也非常容易冷却。此外，柔性光纤激光系统能耗较低，用固态激光系统一半左右的电能即可发射相同质量的激光束。马丁公司正在加紧完善该系统，为下一阶段研究用于军用飞机、直升机、舰船和车辆等平台的激光武器系统奠定基础。

从理论上讲，激光武器的攻击时间几乎可以忽略不计，这就意味着其攻击目标没有躲避的机会。用激光拦截数千千米外的导弹，可将导弹摧毁在助推的上升阶段。无可比拟的速度优势，令激光武器拥有了颠覆性影响。未来的导弹防御系统，不会再是导弹对导弹的拦击，而将是激光对导弹的拦击，下一代战争，必然是基于自主系统的光战争。

新武器形成战争形态，首先是这种武器要在战争中发挥核心作用，所有武器和战术要围绕这种武器和技术展开运用。军事变革的实质，是军事核心能力的转移，即旧的核心能力被新的核心能力取代。如甲午战争中，海战的核心能力已经从"口径""吨位"转变为"射速""航速"，这是日本掌握海战主动权的技术因素。"二战"期间航母问世，决定了海战的核心能力由舰炮转向舰载机，日本对海战核心能力变化的认识不足，是中途岛惨败的重要原因之一。军事变革持续进行，未来的核心军事能力也处于动态之中。如果说作战中的主动权取决于谁先发现，备战中的主动权则取决于谁的眼光更远。

当前，激光武器的实战应用还存在许多亟待解决的难题。但任何新技术、新武器都有一个逐步完善的发展过程，而代表未来发展方向的战略性技术创新，总能在不断克服自身弱点中引领潮流。人类进入智能时代、光时代，我们赖以制造常规武器的工业基础越来越有限，同时，硅谷、光谷之类的科技和工业基础已逐渐成为支撑现代战争形态的制造业基础。激光技术在军事上的广泛运用也势不可当。

　　"一流军队引领潮流，二流军队追赶潮流，三流军队无视潮流。"弓箭、火枪、大炮、坦克、飞机、航母、原子弹的出现都曾在一段时间独领风骚，成为改变战局的颠覆性武器。激光武器作为改变未来战局的利器，其地位作用日益凸显。随着激光技术和材料的不断更新完善，固体激光器、大功率激光器、高质量激光器层出不穷，掌握代差优势的一方可能同时拥有无坚不摧的"秒杀利剑"和编织成天罗地网足以令任何常规进攻武器难以奏效的"光篱笆"。有专家预测，2030 年前，美军激光武器将大量装备部队，对传统卫星、导弹、飞机、战舰、坦克等威胁都是致命的。激光武器正由光时代的端倪变为光时代的标志。不难预见，未来 10 年左右，激光武器与传统武器的数量比例将接近平衡，20 年左右，光战争必然成为现实。作为一种新的战争形态，光战争需要新的武器装备、新的军事理论、新的军队编成、新的指挥和保障体制的支撑。与世界强军相比，我军差距尚大。应对光战争，我们需要更新、更勇敢的头脑，怀着时不我待的紧迫意识，积极思考后发之军的超越之路。

中国国防报　2015.3.26　有改动

自立才是硬道理

——从"大西洋运送者号""李代桃僵"说开去

1982年4月，英阿马岛战争爆发。为夺回马尔维纳斯群岛，英国迅速组建特遣舰队发起远征。然而，超过1.3万千米的漫长补给线，令数量有限的英军补给舰捉襟见肘。无奈之下，英国临时征用了大批商船，"大西洋运送者号"便是其中之一。时间紧迫，"大西洋运送者号"未安装任何防御武器和电子干扰系统，便匆匆奔赴战场。5月25日，圣卡洛斯港上空战机轰鸣，海面硝烟弥漫。阿根廷空军向驻守港口的英国海军发起猛攻。望着来势汹汹的阿根廷战机，"大西洋运送者号"的舰长伊恩·诺斯做出一个"聪明"的判断：大树底下好乘凉——离旗舰"无敌号"航母越近越安全。于是，他指挥"大西洋运送者号"快速贴近"无敌号"。不料，就在此时，阿根廷"超级军旗"式飞机向"无敌号"发射了一枚"飞鱼"导弹，导弹在即将击中航母的瞬间，受到"无敌号"释放的强烈电子干扰，迷失了目标。靠过来的"大西洋运送者号"排水量达1.5万吨，与航母吨位相近，"飞鱼"的制导系统迅速将其锁定，直扑过去。"赤手空拳"的"大西洋运送者号"眼睁睁地看着"飞鱼"来袭却束手无策。数秒后，导弹扎入"大西洋运送者号"的船舷，炸开了一个直径近两米的大洞，猛烈的爆炸引发熊熊大火，数日后，这艘"李代桃僵"的替罪"航母"沉入大洋。

"兵者，国之大事也。"军事斗争的残酷激烈决定了这一领域容不得半点侥幸或一厢情愿。伊恩·诺斯舰长的考虑不无道理，作为旗舰，"无敌号"的防御能力是整个舰队中最强的，靠近它确有可能得到保护。但任何事物都有两面性，作为指挥舰，"无敌号"当然也是阿军攻击的重点，且遭到攻击时必然先求自保，因而依附它的风险也很大。在你死我活的战场上，把身家性命押在外力上，绝非万全之策，沦为"替罪羊"也在情理之中。

想在战场上赢得措置裕如的主动，平时备战就必须着眼于实战，立足自身。武器装备的研发采办也必须保持强烈的"国货"意识。在经济全球化、社会信息化的今天，科学技术日新月异迅猛发展，能否在高新技术及其产业化领域占有一席之地，成为国与国之间综合国力竞争的新焦点，也是新世纪维护国家主权和发展安全的命脉。

早在 20 世纪初，德国哲学家斯宾格勒就曾预言："20 世纪末，科学将变得更加傲慢与更不宽容。"遍布全球的"Made in China"证明了中国改革开放取得的巨大成就，但我们绝不能沉湎现状自我陶醉。必须清醒认识：核心技术的缺失、创新能力的缺乏和自主研发能力的不足已成为制约我增强国家实力、提高国际竞争力的重大缺憾。发达国家对我实施严格的技术封锁，我国虽然是波音公司最大的客户，但波音公司却以"你们看不懂也没必要懂"为由，拒不向我展示核心技术。无论家电、汽车，还是电脑、数码产品等，我国都已成为世界重要生产国，可生产这些产品的关键设备和核心技术大多来自国外。如果不能改变科学技术的依赖状况，不但在国际分工中居于不利地位，而且难免成为别人的"技术殖民地"。更危险的是：当前，我金融、能源、交通、电力等关键业务网络已基本实现信息化、网络化，但核心软、硬件的国产化程度不高，防护手段不足，带来严重的安全隐患。国家和军队的战略网络面临平时被控制、战时被瘫痪的巨大风险。信息安全受制于人，战时不啻于把控制自己"战马的缰绳"给别人牵着。

新中国成立至今，从原子弹、氢弹，到"北斗""神龙"，凡是国外买不来而我们又下决心搞的东西，最终都干成了；而凡是有外力可借的，不论汽车工业还是航空工业，几乎都差强人意。实践证明，核心技术买不来，买来了也存在安全隐患；技术模仿走不远，只能带来短期效益而非超越的能力；光靠引进行不通，依赖他人必受制于他人。正如习主席强调的"只有把核心技术掌握在自己手中，才能真正掌握竞争和发展的主动权"。坚定地发展民族支柱产业，坚决地自主研发核心技术，既是提高我综合国力、实现跨越式发展的现实要求，也是中华民族应对国际竞争、自立于世界先进民族之林的必要条件和战略抉择。

中国国防报　2015.2.10　有改动

赢得"代价差"

——从美军担忧简易炸弹技术发展说开去

据媒体报道，未来美军面临的一大威胁可能是小型无人机上的简易爆炸装置。官方担心，无人机和简易炸弹技术快速发展，使得一些廉价的遥控飞机可以转变成一个低技术但致命的武器。美海军上校安迪·阿诺德说："如果一个业余玩家可以做到，那么我们必须去面对它，并且要重视它。它虽然不是一个很大的弹头，但如果在恰当的时间放在了适当的地点，其危害不可忽视。"美国联合综合防空和导弹防御组织每年举办一次军事能力评估年会，今年（编者注：2014年）年会的主题是应对新兴的无人机威胁。现在军方还没有一种传感器或专门设计的武器针对防范小型无人机，阿诺德希望通过现有的装备系统应对这种威胁。

早在朝鲜战争落幕时李奇微将军就曾说过，"世界上大多数最基本的令人苦恼的问题，是并不适宜用纯军事的办法来解决的"。可惜美国当局总是难以摆脱对武力的迷信及对霸权的追求。第二次世界大战结束以来，美国对外用兵次数超过240次，即便有越战的惨痛教训，还是忍不住发动了伊拉克战争。2003年伊拉克战争大规模军事行动结束后，针对驻伊美军的各种袭击不断，包括地雷、汽车炸弹、自杀袭击等，尤其是反美武装的狙击手渐成气候，不仅造成大量的人员伤亡，也对战地美军心理构成严重影响。现实威胁和舆论压力令驻伊美军左支右绌，各路专家及军工部门都在心急火燎地研究反狙击对策，五角大楼甚至专门向国会申请了10亿美元的紧急拨款，用来对付伊拉克的狙击手。美军曾设想效法执法部门在犯罪高发区安装众多高敏传感器，探测隐匿于混乱城市环境中的狙击手。例如已研制成功的"十字准线"系统，可以在百分之一秒的时间内测定来袭的子弹弹道，准确锁定攻击者位置，并自动实施反制。尽管技术先进，但这只能是后发制人的被动举措，无法在对手扣动扳机前锁定目标。而且这种技术准入门槛非常高，在费效比上已先输一局。尽管投入巨大，深陷泥潭的美军却始终无法在占领区建立稳定的社会秩序和政权，打赢战斗不困难，想真正赢得战争则遥遥无期，最后不得不黯然撤出。

早在20世纪70年代，美国预警系统负责人，F-117隐身战机之父里奇就反复强调："我们尝试创造的新技术应是当前的能力或者通过合理开支可以获得的，否则将是毫无意义的消费。"人类文明的发展已进入一个多元化时代，历史上那种对政治、经济、文化的绝对控制力早已不复存在。个别仍在追求"继续领导世界一百年"的超级大国目前能够倚仗的似乎只剩下技术了。客观地说，技术既是第一生产力，也是第一战斗力，但对技术不能过于迷信，日新月异的科技进步，令攻防矛盾双方互为消长，再领先的技术，一旦"亮相"，失去了运用上的突然性，就很容易在较短时间被对手找出破绽，轻松破解。2011年，伊朗用简单的GPS干扰器俘获美军无人机就是例证。

　　人类战争正在由信息化时代向智能化时代演进，国与国之间更多的是在相互试探底线的过程中追求利益的平衡，克劳塞维茨在《战争论》里提出的那种不受限制使用暴力的"绝对战争"已淡出历史。战争目的是用尽可能小的代价换取尽可能大的胜利。现代和未来战争中对抗强敌，必须重视"代价差"，只要能让敌方的战争损失超过其心理承受能力，就可能赢得最终的胜利。

　　劣势方谋求优于强敌的"代价差"，不能在对手擅长的领域与之做狭路相逢之争，打堂堂之战。高科技使战争变得日益精巧，但往往也会背离实战需要的简易原则。越是高技术兵器，越不可能像普通枪炮那样具有较大的简易性和相对的独立性，就越需倚重编成及保障机制上的系统性，其系统链条上难免存在与生俱来的薄弱环节，自然留下了"易受攻击之窗"。赢得"代价差"，应在知己知彼的基础上，充分发挥主观能动性，创造性地用好现有的技术装备，扬长避短、以长击短。在目标选择上要重点瞄准敌有生力量，造成人员伤亡，最易刺激和引发社会和人民的反战情绪，这是挫败敌军心民意，迫敌放弃企图的有效途径。在实现方式上要准备持久耗敌，持续时间越长，战争消耗越大。虽然信息化战争持久耗敌的时间跨度不能与传统战争同日而语，但高技术兵器打击强度和破坏程度空前提高，在不太长的时间内就可能产生惊人的破坏力。劣势一方打"代价差"，可以通过相对持久的作战时间与高技术兵器打击力的乘积所产生的破坏效应，达成制胜目标。

中国国防报　2014.12.2　有改动

与时俱进探索非对称制胜手段

——从"军犬敢死队"想到的

1943 年斯大林格勒（编者注：现称伏尔加格勒）战役，德军为了攻占这座具有重要战略意义的大城市，先后投入两个集团军群共 50 个师。苏军当时既没有与之匹敌的坦克，也没有足够的反坦克武器，于是突击训练了 500 多条军犬，编成 4 个反坦克军犬连。城市保卫战进行到最紧要的关头，从街道拐角处、楼房废墟中冲出一条条绑着炸药的军犬，闪电般迎向来势汹汹的德军坦克，随着一声声巨响，一辆辆气焰嚣张的德军坦克成了军犬的陪葬品。"军犬敢死队"先后炸毁德军坦克 300 多辆，占整个战役期间击毁德军坦克总数的三分之一。军犬作为一种特殊的非对称"兵器"在斯大林格勒保卫战中发挥了重要作用。

"非对称作战"是指对抗双方利用战术、技术、力量及战场环境等方面的不对等性，通过谋略及战法的灵活运用，以己之长攻敌之短的作战行动，其实质就是避实击虚、以巧破敌。古今中外任何军队巧妙运用非对称手段，都可能重创强敌。在信息时代，创造条件可以促使强弱转化的军事辩证法并未过时，非对称制胜仍然值得我们与时俱进地深入研究。

工业社会之前，一个时代的更替往往需要几个甚至十几个世纪，如青铜器时代、铁器时代等。而工业社会后期以来，随着技术进步的日益加速，一个世纪就可能翻过几个时代，如电子时代、计算机时代、网络时代等。科技的突飞猛进不断提高着人们改造世界的主观能动性。2001 年，美国创造性地提出了"NBIC 会聚技术"概念，"NBIC"是纳米、生物、信息、认知四大前沿科技的英文缩写首字母，这四个领域是被世界公认的 21 世纪最前沿的技术，不论两两融合、三者会聚还是四者集成，都将产生难以估量的效能。不难预见，今后一个时期，随着"NBIC 会聚技术"的发展完善，认知科学家能够想到的，纳米科学家就能制造，生物科学家就能使用，信息科学家就能监视和控制。

传统的非对称制胜，往往通过巧妙的战术运用实现，现代和未来战争中的非对称制胜，借助技术手段达成的概率大大提高。这就要求我们在创新战术的同时保持技术敏感，加深技术理解，形成技术自觉，更多地关注科技的发展和应用。例如，纳米技术解决了计算机微型化问题，袖珍兵器可以大显神威。微型机器人既可悄然潜入敌空军基地，破坏其飞行管制与雷达导航系统，也可顺着光缆涵管找到敌数字化指挥控制节点，视情发动破网断链的软、硬攻击。又如，激光武器作为一种可隐身、"零飞行"时间，拥有无限"弹药量"，可用最低廉的"成本战法"击破"饱和式导弹攻击"的高精度武器，能大大提高部队和设施的防护力，对抗精确制导武器和多种自主系统。备战未来战争，必须高度关注此类新技术的发展动向，加强自主研发和实战运用研究，切不可被对手掌握"代差"优势。

中国国防报　2014.11.18　有改动

打胜仗需要坚定的执行力

——有感于"朱可夫临阵换将"

1939 年，日本挑起"诺门坎事件"，向苏联发起"武力侦察"作战。战役初期，日军优势明显，苏军接连失利。斯大林察觉到日本试探背后的险恶用心，认为若不能坚决粉碎日军进攻，后患无穷，于是增派重兵，并任命朱可夫为指挥员。

朱可夫率部反击，日军伤亡惨重。苏军向纵深进攻，步兵第 36 师奉命攻打一个阵地。此阵地关系战役成败，日军抵抗顽强，36 师伤亡很大。师长打电话请求暂缓进攻，朱可夫不准。

过了一会儿，朱可夫打电话问师长："是否在继续进攻？"

师长说："部队伤亡很大，一时无法向前推进。"

朱可夫说："现在，我只问你一句话，你还能不能发起攻击？"

师长答："有困难。"

朱可夫立即说："我宣布解除你的职务，让参谋长接电话。"

参谋长接过电话，朱可夫问："你能否继续进攻，完成任务？"

参谋长说："没问题，司令员同志。"

"那好，从现在起，你就是师长。"

结果，新师长还是没能组织起进攻。朱可夫没听完对方诉苦，打断了他："从现在起，你不再是师长，等候新师长到来吧。"他转身在司令部选出一名上校，宣布任命，明确任务，并把炮兵预备队加强给他。

第三个师长坚决按朱可夫的意图发起进攻，夺占了这一要地。

在朱可夫的指挥下，日军遭到毁灭性打击，被迫求和。诺门坎战役以苏军完胜结束。随后的卫国战争，拥有稳定战略后方的苏联，经过一系列艰苦卓绝的努力，最终取得伟大胜利。

临阵换将乃兵家大忌，深谙兵法、满腹韬略的朱可夫为何却在激烈对抗、你死我活的紧要关头，频频换将？答案当然是——为了打赢！简单的"打赢"二字背后，蕴藏着丰富的内涵，执行力就是其中的重要方面。

执行力是全局意识、牺牲精神和洞察理解、分析判断、控制协调等能力的综合，是贯彻落实作战意图、实现作战目的的具体实践操作能力，是连接军事决策与目标实现的桥梁。执行力不等于战斗力，但它体现战斗力，影响战斗力，是战斗力生成中不可或缺的重要环节。艾森豪威尔曾说："任何语言都是苍白的，你唯一需要的就是执行力，一个行动胜过一打计划。"再完美的作战预案，缺少坚定果敢的执行也不过是水月镜花。任何一支部队，执行力强则战斗力强，执行力弱则战斗力弱，没有执行力，就没有战斗力。

塔山阻击战，我防守部队坚决执行上级的阻击命令，不惜一切代价，以鲜血和生命，死守到底，一步不退！终于挡住国民党"东进兵团"11个师的疯狂进攻，保证东北野战军实现了夺取锦州关门打狗的战略目标。与之相反，孟良崮战役，尽管蒋介石严令外围国民党各路援军拼死驰援张灵甫，李天霞、黄百韬等部仍阳奉阴违，几乎是坐视整编74师被全歼。正反两面的典型例证充分说明严格执行则胜，执行不力必败。

军队是遂行作战任务的武装集团，对指挥员而言，所有的疑虑只能出现在决策的过程中，一旦决定，剩下的只能是坚决执行和贯彻。对全体指战员而言，只要是上级的正确指示，为了全局利益，必须不折不扣、不讲价钱地贯彻执行，决不能有任何的消极、动摇和抵触。这里用得上几句老话：理解的要执行，不理解的也要执行；有条件的要执行，没有条件的，创造条件也要执行！唯此，才能肩负起"能打仗，打胜仗"的时代担当。

解放军报　2013.6.6　有改动

打胜仗需要敢担当

　　1946年底，东北国民党军向南满我军疯狂进攻，企图"先南后北"夺占东北全境。为粉碎敌"南攻北守"计划，迫其两面作战，东北野战军从1947年1月至3月，发起3次南渡松花江作战，史称"三下江南"。3月8日晚，我2纵5师接到命令：东进中长路，配合1纵聚歼新1军。3月9日，5师东进抵近靠山屯，突然发现敌88师264团经过。5师师长钟伟判断：敌处运动之中，可打。师政委认为：东进是全局，上级的命令是铁的纪律，干扰总部决心风险太大。钟伟则认为：机动只是手段，歼敌才是目的，不能机械执行命令贻误战机。意见相持不下，战机眼看就要错过，钟伟下了决心："就这么定了，留在这里打，打错了，砍头掉脑袋我担着，打！"从3月10日凌晨5点到下午2点，钟伟连续接到上级三个即时东进的电报，他不为所动，一面组织部队攻击、打援，一面上报变化了的战场情况，特别强调围攻靠山屯调动了敌人，大量歼敌的战机已经出现。东野总部终于被钟伟的坚持打动，而且发现这样更利于全局的后续发展，转而全力支持。最后，5师全歼88师一个团，又拖住前来增援的87师，配合兄弟部队聚歼之，干净利索地取得了"三下江南"的完胜。是役，扭转了整个东北战局，为即将到来的战略反攻奠定了基础。"东总"通令全军嘉奖5师，并号召各级要敢打违抗命令的胜仗，像钟伟在靠山屯那样。1948年，钟伟由师长被破格提升为纵队司令。

　　客观分析，钟伟的"违抗命令"，既不是好大喜功，也不是独断专行，而是出于对战略意图的正确理解，对战场形势的准确判断，对战机把握的高度敏感和对"打赢"使命的慨然担当。

　　一定意义上说，打仗即打将。战争是政治集团之间、民族（部落）之间、国家（联盟）之间矛盾斗争的最高形式与暴力手段。克敌制胜离不开常识性、普遍性、规律性的理论指导，但稳操胜券而又亘古不变的金科玉律却从未有过。再高明的统帅也无法预知战场上将要发生的一切，不可能事先制订出面面俱到、滴水不漏的完美计划。因而计划执行过程中各级指挥员的勇于担当、随机应变和主动作为就显得尤其重要。北宋皇帝太宗、真宗、仁宗、神宗，都习惯于坐在金銮殿上自作阵图，统驭将帅，致宋军指挥僵化、战术呆板，宋辽大小81战，宋军虽然人多势众，却仅仅侥幸胜过一场。

翻翻战史不难发现，古今中外所有的伟大胜利几乎都离不开各级指战员，尤其高级将领的准确判断、勇于担当。袁崇焕力排众议，坚守孤城宁远，凭坚城、用大炮，重创努尔哈赤，取得了彪炳千秋的"宁锦大捷"；粟裕三次斗胆直陈，终于说服中央军委改变决心，华野没有分兵南下，而是集中兵力在江北大量歼敌，创造了中原、华东两大野战军会师淮海，决战中原的大好形势。英国的纳尔逊、法国的戴高乐、美国的巴顿、苏联的朱可夫……都敢于直抒胸臆、坚持真理。

中国自古就不乏"将在外，君命有所不受"的先例，南宋抗金名将岳飞豪气干云，更留下了"以身许国，何事不敢为！"的名言。战争是神秘的"万花筒"，时时刻刻充满变数。没有原则，就无法统一意志，合力破敌；墨守成规，甚至削足适履，也必将贻误战机。从全局出发，指挥员当然要有持重待机的审慎稳健，但当机立断的智慧和勇气同样不可或缺。因为"打赢"这一根本职责决定——指挥员在关键时刻不能刻意回避风险。

打胜仗需要敢担当！过去的战争要求指挥员敢于和善于机断行事，信息化战争更是如此。科索沃战争进行了78天，几乎是场一边倒的空袭。即便如此，美军仍修改了77次计划。如果是实力接近的对手激烈对抗，随机应变、临机决断的情况必然更多、更复杂。捕捉电光石火般稍纵即逝的战机，既需要审时度势、趋利避害的机敏和睿智，更要有"苟利国家生死以，岂因祸福避趋之"的担当精神，才能各司其职把握机会、创造机会，打出威风、打出奇迹、打出新一代中国军人的战法与辉煌。

中国国防报　2014.7.23　有改动

还抗战悲壮凛冽的庄严

一段时间以来，各种夸张离奇的镜头频频出现在抗日题材电视剧中，荒诞恶搞的雷人情节简直令观众忍无可忍。"八路军战士"撕鱿鱼片一样徒手将敌人撕成两半，"鬼子"血肉横飞，英雄凛然一笑；"抗日女侠"遭日寇强暴后，突然腾空跃起，神箭连发，几十秒内将数十敌人全部射死；手榴弹炸落空中敌机；飞刀消灭地面重炮；绣花针、铁砂掌、鹰爪功、化骨绵掌、太极神功轮番登场，取敌首级如探囊取物。层出不穷的"抗日神剧"，令有些网友感慨"鬼子坚持了14年真不容易"。

14年抗战是华夏五千年文明中，极其惨烈悲壮的一页。尽管我们赢得了最后的胜利，但付出的代价是"一寸山河一寸血"。惨痛的代价一方面是因为日本侵略者的野蛮兽性，另一方面是由于中国近代以来文明的落伍。抗日战争的伟大胜利是无数先烈用可歌可泣的巨大牺牲换来的，这是我们认识那段历史的基本理性。

当前众多粗制滥造的抗日题材剧，悄然卸下宣传教育的"包袱"，变为纯粹的娱乐品，"比着看谁俗、争着看谁二"的表演，连基本的公共理性也不顾。历史的真相与当下的真实被娱乐得无影无踪，乍一看似乎充满革命乐观主义精神和上天入地、翻江倒海的想象力，实际上是颠覆历史，娱乐苦难，数典忘祖！爱国主义不是愚民主义。这种泛滥和幼稚化倾向对公众尤其是对青少年的影响非常恶劣，很难想象，看着这些所谓抗日剧成长起来的青少年，他们的历史观会被扭曲到什么程度！长此以往，我们的民族性格又会被扭曲到何种境地？

影视剧不仅仅是用来娱乐的，它同时输出价值观。美国迪士尼公司经过长期谈判打入中国市场，签字后的晚宴上，迪士尼的老板满面春风地举杯庆祝："我花30亿美元进来，但我会赚回300亿，这是我们一次政治上的胜利！"好莱坞最大的老板也曾直言不讳："电影就是搞意识形态，我们好莱坞的每部电影，都有意识形态在里面。"西方的文化产业从政治层面着眼，向全世界大举渗透进攻，我们却把它当作商业行为，当作文化的多元和相互包容，甚至讳言意识形态。两相比较，是何等地发人深思、深省！

文艺作品源于生活，高于生活，抗日题材剧当然不必完全运用现实主义手法创作，但绝不能为了吸引眼球，为了单纯的经济效益而炮制成罔顾公共理性的反面教材。除了正视历史、追怀先烈、警醒后人、发愤图强，我们实在没有"戏说抗战"这种慷先驱热血之慨的"幽默"资本。

"忘记历史，意味着背叛未来！"娱乐抗战、恶搞抗战无异于文化领域的自毁长城。"在所有的安全中，最基础、至关重要的是文化安全。"文化安全关乎国家安全，让我们铭记"无敌国外患者，国恒亡"的古训，摒弃无知荒诞的娱乐，用冷峻理智的眼光，还抗战悲壮凛冽的庄严，义无反顾地肩负起我们这一代的历史担当。

杂文报　2013.4.26　有改动

也说"千秋胜负决于理"

——驻阿美军再陷越战梦魇

《纽约时报》日前报道，截至 2012 年 8 月 18 日，美军在阿富汗死亡官兵达到 2000 名。据统计，其半数以上发生在奥巴马总统 2009 年底的增兵计划实施之后。这说明随着所谓"反恐战争"的旷日持久，阿富汗民众对美国的仇恨与日俱增。"身着阿富汗军装与警服者"袭击驻阿美军的"黑枪"事件频频上演，今年（编者注：2012 年）已发生 32 起，造成 40 名北约官兵死亡，大部分为美军，再次印证了美国士兵总结的战场定律："比敌方更精准的火力来自我方的黑枪"。

阿富汗日益恶化的安全环境令美军高层深感不安，奥巴马表示，美参联会主席邓普西和驻阿美军司令艾伦正在同阿方进行磋商，他本人也将与阿富汗总统卡尔扎伊就此展开讨论。美国防部部长帕内塔不久前还称此类袭击为塔利班武装做困兽之斗的"偶发"事件，但 8 月 18 日他已致电阿总统，"非常关注"这类"内部袭击"，建议采取有效措施，包括加强情报合作、征兵和招募警察时严格背景审查等，甄别"制服杀手"，遏制类似袭击。与高层口头关注不同，置身险境的战地官兵对防不胜防的"黑枪"已有些杯弓蛇影。为加强防范，驻阿美军高层要求官兵务必保持荷枪实弹的临战状态，尤其在执行任务或召开会议时，必须有专人负责监控阿方人员，随时准备向来袭者开火。"制服杀手"及美军的反制措施令美阿军事互信降至冰点。塔利班将此类袭击归结为该组织对阿安全部队的成功渗透，美军则表示由塔利班渗透制造的袭击只占少数，更多的袭击出于阿富汗民众对美军的抵触与愤怒。

除了愈演愈烈的"黑枪"事件，还有一组数据同样引人注意。有媒体披露，死于阿富汗的 2000 名美军官兵中，有 200 余人系自杀身亡。这些平均年龄只有 26 岁的青年官兵怀着消灭恐怖分子、解放被奴役阿富汗人民的美好憧憬出征，到达战场后却发现，情况与想象大相径庭，阿富汗人民非但不欢迎，反而厌恶甚至憎恨美军。在这场战争中丧生的阿富汗平民已逾 10 万，不少所谓的恐怖分子其实是愤怒和绝望的平民，他们用地雷、汽车炸弹、人体炸弹及混入敌人内部打"黑枪"等各种手段，向外国占领军复仇不止。残酷的现实令很多美军士兵迷茫、苦闷、忧郁甚至变态，虐俘、虐尸、焚烧《古兰经》、屠杀平民、殴打战友甚至自杀事件层出不穷，已造成难以打破的恶性循环。美军在越战中死亡军官 5600 余人，其中 1013 人是被己方士兵谋杀的。今天的阿富汗战场与当年的越南战场何其相似乃尔！

美国前国防部部长麦克纳马拉总结越战失败，列出了 11 条教训清单，具体可归纳为三个方面：一是对情况和自身"塑造能力"判断失误；二是对军事力量和技术有限性认识不足；三是对战争代价盲目乐观。这个全面深刻的反思，在较长时间内得到了美国政府和广大民众的认同。遗憾的是海湾战争和科索沃战争的速战速决胜利冲昏了决策当局的头脑，阿富汗和伊拉克战争打响时，美国政府信誓旦旦地向自己的子弟兵保证，凭借绝对的军事优势，美军将在"零伤亡"或"低伤亡率"的情况下打赢战争。仿佛拥有了卫星、无人机、防弹衣等高技术武器装备，传统的战争阻力便荡然无存，甚至占领敌国亦可兵不血刃。事实证明，当抵抗组织得以靠近目标，同时又能隐匿于普通民众中时，非对称打击便开始向原始的搏杀回归。全副武装的美国大兵面对看不见的对手和突然袭击茫然不知所措。

20 世纪下半叶，西方主流社会对苏联的"输出革命"大肆批判；进入 21 世纪，美国的"输出民主"就能得偿所愿吗？诚如麦克纳马拉所言，"外部的军事力量不能取代其政治秩序和政治稳定，这些只能靠其人民自己来建造"。任何国家都没有天赋的权利，用自己的理想或选择去塑造其他国家。迷信武力的决策者尤当牢记"一时胜负决于力，千秋胜负决于理"。

解放军报　2012.10.18　有改动

体系对抗并非未来作战的唯一形式

近年来，有关国家特别是美国对"基于效果作战"等热门理论进行了反思和批评。我们发现这些理论过分强调体系破击和心理震慑、作战目的由消灭敌人转为控制敌人，结果战争结束时，敌人的军事体系虽然瘫痪了，但军事实力仍然存在，而这种军事实力又因体系的破碎而处在更加危险的无序状态。

伊拉克战争的主要军事行动只进行了 20 余天，美英联军以 165 人阵亡的微小代价击败了伊军，推翻了萨达姆政权。但失去体系支撑的伊拉克军民并没有放弃抵抗，地雷、汽车炸弹、自杀攻击等各种针对驻伊美军的袭击不断，就像一群被捣毁蜂巢的马蜂一样，充斥着绝望的报复情绪，四处乱飞，攻击性大增，很难控制约束，令其防不胜防。到 2010 年 12 月，美军在伊拉克死亡人数已达到4430 人，小布什不得不承认：2003 年宣布伊拉克战争"任务完成"是个错误。

美军从巨大的挫折中反思战争理论，认为未来战争是由多种战争形式、多种威胁、多种对抗对象构成的复杂混合体，战争的形态已经日趋模糊，无法用整洁的盒筐分门别类。战争手段从尖端到简单、从精确武器到大刀长矛，从毁灭性威胁到恐怖性袭击，单一手段难以取胜。对美军而言，体系破击的目标显然并不适用于所有的作战行动，效果也不总是尽如人意。

我军从前些年研究一体化联合作战到这几年研究基于信息系统的体系作战，一直强调体系对抗、体系破击，取得了不少有价值的研究成果，体系作战能力大幅提高。但应该看到，体系对抗、体系破击对情报的准确性和及时性要求很高，虽然这是信息化战争的大势所趋，但绝非未来作战的唯一形式。我们希望综合运用各种战法和手段，特别是运用费效比高的手段打击敌人的要害和关节，造成敌作战力量结构的紊乱和作战行动程序结构的脱节，迅速降低敌整体作战能力，进而集中力量各个击破、瓦解、歼灭敌人。而实际作战中，情况变化的复杂性和对抗形式的多样性是难以预测的。从战略层面上看，国与国之间的舆论战、心理战、法律战等，体系对抗的特征就未必非常明显。战术层面上的作战形式更是五花八门。比如海军舰艇在护航过程中打击海盗，或者本土防空作战中击落敌机后搜捕敌跳伞逃生的飞行员，再比如侦察分队与敌巡逻队发生遭遇战……各种平台之间的对抗，单元要素之间的对抗，甚至单兵间的肉搏都可能发生。

第四次中东战争初期，以色列陆军损失惨重，为了扼制敌人，以色列空军紧急出动，攻击敌装甲部队。阿方配置的大量防空火器，一度控制了战区的天空，给以军造成惨痛损失。付出重大代价的以色列空军认识到，摧毁敌防空力量是制胜的关键。在别无选择的情况下，以色列飞行员舍生忘死，用"大角度俯冲攻击""山羊跳"及剧烈的"半滚倒转"等战术动作对付防空导弹；用剪式机动、蛇形机动、向左右压坡度等规避方式对付高炮，不计伤亡地保持高强度攻击，一点点剥去对手的防空屏障，继而猛烈打击敌装甲部队，终于挫败了阿方的进攻锐气，为最后胜利赢得了时间。

此前，美国陆军为了适应阿富汗和伊拉克的战况，使训练与战场条件相适应，决定放弃延续多年的刺杀训练，把这一训练转为其他形式的近距离搏斗，训练军人即兴使用手头上的任何武器，包括木块和石头。这一认识与决定，对我军也有启示。体系对抗不能涵盖未来的全部作战样式，一味地强调体系，容易在无形中忽视平台和要素单元能力的建设。对各军兵种部队和广大基层指战员来说，紧急情况下，有什么装备打什么仗，面对什么对手打什么仗。既要有破击体系、以巧制胜的眼光和智慧，更要有逢敌亮剑、敢打必胜的勇气和技能。

中国国防报　2011.7.11　有改动

由"弦高犒师"想到的

公元前 628 年，秦国驻郑国的间谍送回消息，称已取得了郑国的信任，负责掌管北门的防务，如果秦国出兵偷袭，里应外合，郑国唾手可得。秦穆公于是派大将孟明视率军秘密伐郑。郑国商人弦高在贩牛时碰巧发现了逼近边境的秦军，立刻意识到了形势的险恶，一面派人火速回国示警备战，一面亲自冒充郑国使者，选了 12 头肥牛，前去"犒劳"秦军。秦帅孟明视以为郑国已做好迎战准备，偷袭无望，转而攻灭了滑国，下令撤军。事实上此刻的郑国国君新丧，武备松弛，一攻即破。弦高的出色表现，不仅在生死存亡的危急关头挽救了郑国，更在谋略克敌的战争舞台上留下了浓墨重彩的千古绝唱。

"弦高犒师"是在力量对比悬殊的情况下，运用谋略，以极小的代价，"不战而屈人之兵"的经典战例，充分证明了谋略在军事斗争中的重要地位。从这个例子中，我们也应该看清实力才是用谋的基础。首先弦高个人具备强大的实力，包括雄厚的经济基础、敏锐的洞察力、绝佳的心理素质和口才等，更重要的是郑国拥有在周密准备后能够击退长途偷袭、务求速胜之敌的实力。后者才是秦军真正的顾忌。如果郑国像滑国一样弱小，存亡系于他人之一念，相信忠君爱国、智勇双全的弦高也不会去犯险犒师了。

在施谋用计的过程中，实力与谋略的关系，从哲学上讲，就是客观与主观的关系。谋略的形成和运用，来自对作战双方实力及环境的准确把握。离开了交战双方所需要的兵力、装备、财力、地形等物质条件，人的主动性就失去了作用的前提。战争对抗的规律表明，实力是交战双方对抗的物质基础，是达成作战目的的关键，它的强弱对战争规模的大小、持续时间的长短、战争形势的转变以至战争胜负，有着决定性的影响。

在构成实力的诸多要素中，装备历来占据重要一席，随着科技的发展，其地位也愈发突出。有人曾就《中国兵书知见录》做过统计，从先秦开始，中国 2000 余部存世兵书中论述和研究武器装备的只有《武经总要》《火龙神器阵法》等寥寥几部，不到所录兵书的百分之一。由此不难看出我们曾经忽视科技装备、过于强调谋略导致军事实力衰弱之一斑。事实证明，如果把"谋略"的作用强调到不恰当的程度，就容易在无形中忽视武器装备的建设。当敌我装备处于同时代水平时，谋略起着重要的作用，而一旦武器装备出现代差，谋略的发挥就会受到极大的限制。海湾战争中，伊拉克的机械化部队曾用诈降的策略一度攻占了海夫吉；科索沃战争中，南联盟的防空部队也曾凭借灵活的战略战术用并不先进的导弹击落了 F-117 隐形飞机。然而在信息化的敌军面前，在几乎对敌方单向透明的数字化战场上，这样"昙花一现"的胜利不可能从根本上影响战局。中华民族有着崇尚谋略的悠久传统，有着以谋制胜的辉煌战例，但是必须克服"重谋轻器"的极端思想，大力加强国防科研和武器装备的建设，缩短或消除武器装备上的代差，只有做到寓器于谋，以谋驭器，才能在未来战争中真正发挥人的决定性作用。

人武学报 2011.4 有改动

演习就是在打仗

2013年6月下旬，沈阳军区某旅组织的实兵对抗演练中，红方冲锋在前的坦克急转弯时，驾驶员用力过猛右手腕脱臼，无法继续驾驶，关键时刻，排长胡石山命令学过坦克驾驶的炮长接替驾驶员，坦克重新发威，红方最终取胜。然而，临时顶替的驾驶员经验不足，下坡时，坦克发生侧滑，两名乘员受伤。炮长开坦克，虽赢得胜利但造成人员受伤，功过如何界定？有人认为：炮长虽然学过坦克驾驶，但毕竟不够专业，不该让他冒险驾驶。有的官兵则认为，胡排长的果断决策扭转了战局，乘员负点轻伤也值得。

胡排长的决策对不对？演练总结会上，旅党委肯定了胡排长的决策，并对他"训练场就是战场，演习就是在打仗"的实战意识给予高度评价。

训练作风是军事训练价值取向和实践准则的主观反映，是从精神意志层面提升战斗力的关键，是军队、部队在长期训练实践中培养起来的思想观念、认识态度和行为养成。通俗地说，就是为什么而训练、以什么精神状态训练。训练作风决定战斗作风！训练作风不实，不是木桶"短板"导致容量多少的问题，而是"底板"缺漏导致容量有无的问题。德国名将隆美尔认为，"对部队来说，最好的'福利'是第一流的训练"。俄国军事家苏沃洛夫也说"训练从难征战易，训练从易征战难"。尽管军委反复强调"战场打不赢，一切等于零"，个别单位领导仍有"训练出了事，一切等于零"的顾虑。远程拉练，风雪骤至，行军计划立即由摩托化开进调整为铁路输送；山地攻防，一辆战车侧翻，演练立马"叫停"……降低训练难度、险度，以牺牲战斗力为代价消极保安全的现象时有发生。年终岁尾，个别单位甚至停止训练、停止车辆派遣，"保胎待产"似的迎接"安全无事故年"。此次演习遇到的情况，临时换驾驶员未必能赢，不冒险换驾驶员则必败无疑，胡排长勇于担当的决策完全正确，即便打败了也无可厚非。而部分官兵对他当机立断、合理冒险的质疑恰恰暴露了消极保安全的思想倾向。因此，严格训练作风，必须树立正确的导向。对训练事故要具体分析，区别对待。组织指挥失误，相关责任人当然要承担责任；而正常范围内的事故，就不能与单位、个人扯在一起，更不能"以事故定乌纱"。把"不出事"当作底线，必然令官兵在训练中前怕狼后怕虎，不敢放手一搏。

　　某军区特战旅组建 25 年来，先后有 11 名官兵在训练中牺牲，但旅党委从未因此叫停过一次高难险科目训练，从未因此撤职处分过一名干部，确立了鲜明的战斗力标准第一的导向。正是这样的土壤，孕育出刘珪那样秉持"平时敢玩命，战时才能不丢命"理念，勇于挑战训练极限的基层带兵人。刘珪训练中出生入死 12 次历险，身上留下 16 处伤疤，但他锻造出一支艺高胆大、技强气昂的精锐连队。可见，从难、从严、从险训练，其实是在更高层次上促安全。训练质量越高，事故概率越小；战技水平越精，安全根基越牢。

　　战场上的胜利从来不是轻而易举、唾手可得的，都是以和平时期的严酷训练甚至流血牺牲为代价换来的。战场谋打赢，训练场上就不能避难就易、避重就轻，更不能危不施训、险不练兵。军队只有"打仗"和"准备打仗"两种状态，"准备打仗"是常态，只有平时绷紧备战之弦，端正训练作风，通过严格训练把打赢本领练扎实，把实战意识内化为官兵的自觉行动，关键时刻才能"招之即来、来之能战、战之必胜"。

中国国防报　2013.9.2　有改动

欲成其事，
必利其器

信息化时代，科学技术越来越呈现出多层次、多维和系统相关性的特点，人类已置身于一个"技术化生存"的社会环境，科技不仅是推动社会进步的"第一生产力"，也是决胜未来战争的"第一战斗力"。

科学技术：决胜未来的"第一战斗力"

习主席强调，各主要国家都在抢占未来科学技术制高点，包括国防科技制高点，大力推进科技进步和创新，努力在前瞻性、战略性领域占有一席之地，是实现强军目标的必由之路。

信息化时代，科学技术越来越呈现出多层次、多维和系统相关性的特点，人类已置身于一个"技术化生存"的社会环境，科技不仅是推动社会进步的"第一生产力"，也是决胜未来战争的"第一战斗力"。国家发展、军事变革皆因科技应用、装备创新而发轫，而技术革命的突飞猛进不会等待人们的普遍觉醒，未来战略主动的制高点更没有谁会拱手相让。深入认识把握科学技术的发展特点、规律和趋势，才能透彻理解社会进步和军事变革的本质，自觉能动地抛弃昔日的光华、甩掉因袭的重负，抓住新事物赋予各国的平等机遇，直出前沿，抢占明天的高地。唯此，才可能在未来对抗中把握先机，立于不败。

保持技术敏感，见微知著地及时捕捉新生事物的电光石火

技术敏感，是对世界科技领域出现的新动向、新事物及可能造成的影响，及时做出客观判断和灵敏反应。技术是战术的物质基础，战术是技术的合理运用。军事斗争的激烈残酷决定了任何新技术，只要可能用于军事，就必然而且往往首先应用于军事。拿破仑因而深有感触地说："对手的任何一种新生事物，都是对我的军事威胁。"保持技术敏感，是防患于未然，避免失之无备的重要前提。

"二战"期间，苏联空军中尉弗雷洛夫在查阅科学期刊过程中，敏锐地发现核原了研究方面的科学家，如费米、西拉德、特勒、安德森、惠勒、威格纳等人的名字都从杂志上消失了。他据此分析：核研究已成了美国国家机密，其科学家们正在研制原子弹。弗雷洛夫立即给斯大林写信报告了这一重大推断，建议尽快研制原子弹。他的建议引起了苏联决策层的重视，并迅速付诸行动，1949 年 8 月 29 日，随着一朵巨大的蘑菇云腾空而起，苏联进入了核时代。作为一名空军基层军官，弗雷洛夫长期对自己专业之外的核技术保持着高度敏感，见微知著、察于未萌，为苏联核武器发展立下大功。

克劳塞维茨说："要想通晓战争，必须审视一下每个特定时代的主要特征。"

这个"主要特征"往往由具有代表性的技术决定。当前，世界正处在一个新军事科技成果群体井喷的时代。一些新概念、新机理技术正孕育着重大突破，可能产生一个质的、断代式的飞跃，进而彻底改变未来竞争格局。物质决定意识，技术决定战术。对此类高新技术保持敏感和关注，是信息时代每名军人都应具备的职业素养。

加深技术理解，透彻认知科学技术的现实意义及深远影响

技术理解，是指对技术的本质与内在动力、特点与规律、结构与功能，及其在人类文明进化之链上的地位和作用的理性认知。简单地说，就是要能够懂得、明白和感悟技术显现出的当前价值和蕴含着的深远意义。新技术、新事物刚出现时往往不够成熟，其当前价值未必明显，深远意义则更难预见，所以技术理解亦非易事。第一台铁路蒸汽机车问世时，速度还不如马车。很多人质疑这个笨拙迟缓、噪声巨大的庞然大物有什么用。发明人史蒂芬森反问："刚出生的婴儿有什么用？"借这个形象生动的比喻平息了众人的诘难。

军事技术的发展和突破，是推动旧的作战力量体系逐步瓦解和新作战力量体系逐步形成的物质动因。但新的作战力量体系的真正形成，有赖于对技术价值作用的科学理解和深度挖掘。没有对航空技术的透彻理解，便不会有制空权理论；没有对信息技术的透彻理解，便不会有信息战理论；没有对空间技术的透彻理解，也不会产生"高边疆"战略和制天权理论。由于研究者自身的知识结构、哲学思维、生活阅历、前瞻眼光等方面的差异，即便面对同样的技术，"有一千个读者，也会有一千个哈姆雷特"。技术理解不同，甚至可能造成国家兴衰命运的迥异。

普法战争后刚统一的德国迅速将铁路用于战争动员从而建立了军事强权，"二战"时美国率先研发出原子弹加速了日本投降并在冷战中赢得军备竞赛的先机，这些都是技术理解力强的正面例证。而最令人扼腕的莫过于中国对火药技术的理解和应用。火药是中国的发明，但千百年来仅用于驱鬼敬神，其传入欧洲后却被用于战争，热兵器由此诞生并开始大规模取代冷兵器，第一轮世界军事变革也由此发生，在主动引领与被动应对之间，彻底颠覆了东西方军事实力的天平。其长远的战略影响一直延宕至今。

没有人能懂得所有技术，但必须能够理解技术的意义，明白它们将带来的冲击和影响，预见它们发展和应用的趋势。"兵者，国之大事。"对肩负神圣使命的军人而言，提高技术理解力尤其重要。

形成技术自觉，努力实现"从认识到实践"的第二次飞跃

技术自觉是技术主体在技术敏感和技术理解的基础上，对技术发展和运用的

主动作为。既包括对未来的预测，也包括对现实的认知；既包括对目标的确立，也包括对过程的设计；既包括宏观的判断，也包括微观的控制；既包括系统的分解，也包括系统的综合。通过对核心技术的发展方向、发展路径、关键事项、时间进程以及资源配置进行科学设计与控制，实实在在地推进技术应用和完善。

英国政府首席科学顾问斯图尔特说："科学进步很少是在令人注目的发现基础上取得的，而通常是在渐进的变化中取得的。"科技发展不可能一帆风顺，虽然总体螺旋上升，但过程中难免会有反复、盘桓甚至倾覆。形成高度的技术自觉，才能有目标、有计划，有胆有识、百折不挠地探索创新，实现"从理性的认识到革命的实践"的第二次飞跃。

技术自觉源自对技术的高度敏感和深刻理解，但并非具备了技术敏感和技术理解就能水到渠成地形成技术自觉。从知识产权的意义上说，机械化战争的新观念当属英国。不论是英国的富勒、利德尔·哈特，还是法国的戴高乐，苏联的图哈切夫斯基、朱可夫、帕夫洛夫，对装甲技术的敏锐性和理解力都不逊于古德里安、隆美尔、曼斯坦因等德国名将。可由于种种原因，最终令机械化战争技术理论落地生根、开花结果的"土壤"却出现在德国。由于凡尔赛条约的限制，古德里安等人用于训练的"坦克"竟是一些用帆布作外壳、用汽车作底盘的模型，以致经常被好奇的小学生用铅笔戳穿。然而凭着高度的技术自觉，德军锐意改革者们硬是排除成见与干扰，因陋就简、锲而不舍地完成了一系列组建新型装甲机械化部队的论证与实验，解决了大规模集中使用坦克的技术难题，弄清了坦克与其他兵器的协同关系，找到了合理的编制，并由此产生了令世界刮目相看的战争指导，使"闪击战"进入实践走向成熟。与德国相比，其他国家的军界精英们并不缺少技术认知方面的机锋，最大的差距应该还是整体行动上的迟缓，却再一次验证了"落后就要挨打"的格言。

当今时代，军队建设的每一个重大成就，往往离不开科学技术的突破。谁能抢占技术的制高点，谁就能占据国际竞争的主导地位。军事工作需要创造性灵感和高度发展的智力，很多时候军人特别是指挥员需要具备比其他专家更多的基础知识和综合知识。文韬与武略相辅相成，战术和技术从不绝缘。指技结合是现代指挥员孜孜以求的高妙境界。我们要实现强国梦、强军梦，实现中华民族伟大复兴，必须克服传统文化中所谓"君子不器"的狭隘局限，增强技术竞争的机遇意识，提高洞察技术的敏锐性、领会技术的理解力和突破技术难题的执行自觉。

光明日报　2014.3.19　有改动

打造制胜无形空间的"电磁利剑"

——从俄电子战装备扬威叙利亚战场说起

2018 年 1 月 6 日，恐怖组织对俄罗斯驻叙利亚海空基地发动大规模无人机袭击。俄防空部队立即采取反制措施：对来袭无人机群发动电磁攻击和火力打击。俄电子战部队干扰迫降了 6 架无人机，剩余 7 架无人机则被"铠甲 S"弹炮合一防空系统全部击落，俄军人员装备没有任何伤亡损失。精彩的战场表现再次引发世人对电子战力量的关注。

电子战武器是现代战争的重要非对称装备。自从 1904 年日俄战争中俄军对日军无线电通信实施干扰，首开电子战先河以来，电磁空间斗争就成为一种重要作战行动。随着电子技术的快速发展和广泛运用，电磁空间作战对战争进程和结局的影响越来越大。美军上将托马斯·穆勒甚至预言："如果发生第三次世界大战，获胜者必将是最善于控制、驾驭和运用电磁频谱的一方。"

近年来，俄军电子战力量作为一个新的重要兵种正从幕后大步走上前台。之所以取得长足进展，也是充分吸取战场教训的结果。2008 年俄格战争，由于在战争爆发的最初几小时，俄军轻敌大意，没出动电子战飞机，导致 3 架苏 -25 歼击轰炸机和 1 架图 -22M 远程轰炸机被格军击落。同时，因电子战力量与其他部队配合失误，俄军在目标识别、情报侦察和空地支援等方面也暴露出诸多问题。战后，俄军痛定思痛，积极发展新型电子战手段，大力充实完善电子战部队，电子战实力迅速提升。

乌克兰危机中，俄罗斯 2 架苏 -24 战机遭到游弋于黑海上的美舰"宙斯盾"雷达跟踪监视及锁定。苏 -24 启动机载"希比内"电子战系统，瞬间干扰压制了美舰雷达和数据传输网络，随后从容不迫地在其上空进行了攻击演练，令陷入迷盲的美舰束手无策威风扫地。

叙利亚战场硝烟未起，俄罗斯已在电子战领域抢得先机。预先部署了"克拉苏哈"电子战系统蔽敌耳目，提前出动伊尔 -20 电子侦察机破除"战争迷雾"。双方交战后，俄军大量使用"杠杆""莫斯科""水银"等电子战系统压制对手的指挥、通信和雷达系统，用"水底生物"电子战系统和"小树林"小型干扰站对抗无线电遥控地雷和自爆装置，同时破坏对手的蜂窝通信和超短波通信……通过叙利亚战场上的实战检验，俄军全方位展示了包括电子战系统在内的各类新式武器装备，不仅沉重打击了"伊斯兰国"等极端组织，也有力震慑了"潜在对手"。

现代战争体系对抗的特点愈发突出，各种武器装备通过信息系统的整合链接，就可以大大超越"单打独斗"的模块功能，呈现出 1+1>2 的整体功能涌现性。而一旦信息系统功能遭破坏，不仅"信息化红利"烟消云散，连武器系统本身的效能都可能大打折扣。电子战装备，正是专克信息系统这一"软肋"的利器。在各种系统功能日益依赖电子设备的情况下，夺取制电磁权的一方，可以在极短的时间内造成对方指挥失灵、电子制导武器失控、技术兵器功能紊乱，从而令对方整个作战体系失去作用，牢牢掌握作战主动。俄罗斯电子战装备扬威叙利亚战场启发我们，控制信息化战场的电磁优势，掌握制电磁权是夺取战争主动权的先决条件，是赢得战争胜负的关键要素。我们要实现强国梦、强军梦，实现中华民族伟大复兴，不能不加强对电子战的研究，要从技术、装备、战术、制度等方面探索行之有效的规避和应对措施，积极打造制胜无形空间的"电磁利剑"。

中国国防报　2018.3.27　有改动

从俄重启"二战"功勋坦克部队说起

近日，媒体报道，在击败纳粹德国 70 多年后，俄罗斯最著名的坦克部队回归了。俄政府重新启用了第一近卫坦克军，这是"二战"中苏联成立的六个坦克军之一，是红军反攻德国的先锋。这支部队于 1998 年被解散。当前，面对北约在东欧咄咄逼人的挑衅，俄罗斯重启这支功勋部队，或许意在提醒西方，不要忘了 20 世纪不可一世的纳粹德国进犯苏联的后果。

新组建的第一近卫坦克军约有 500 辆坦克，包括 T-72B3、T-80，或许还有先进的 T-14 "阿玛塔"主战坦克。这支部队将部署在俄罗斯西部军区，一旦波罗的海国家、乌克兰或波兰发生冲突，它可能会以压倒性的力量优势发起制胜一击。

20 世纪 90 年代，随着海湾战争和科索沃战争这两场所谓"高科技样本战争"的放大作用，人们在重视隐形飞机、武装直升机、导弹、卫星等高科技装备的同时，也对陆军的地位产生了怀疑甚至轻慢，诸如"陆军即将退出历史舞台""坦克无用论"等观点开始流行，个别国家终止坦克研制和生产的报道，更令装甲兵成为"陆军地位下降论"的尴尬代表。在较长一个时期，建设重型陆军还是轻型陆军、讲求速度还是讲求力量，成为世界争论的焦点。

出于全球快速部署的需求，美国陆军率先转向轻型化，特别是拉姆斯菲尔德担任国防部部长以后，一个个重型装备计划胎死腹中，支持重装陆军的将领纷纷解甲归田，五角大楼津津乐道于"轮式陆军""飞行陆军""全球陆军"等闪亮登场的新名词。然而，后伊拉克战争时代，面对反美武装低技术的游击战，"高大上"的美军却左支右绌窘迫异常，设置在道路两侧的遥控爆炸装置和肩扛火箭弹竟对占领军造成了难以承受的重大杀伤！显然，现实战场与美陆军转型理论的设想相去甚远。俄罗斯专家认为，既然眼下高技术的美军对恐怖分子和伊拉克、阿富汗反美武装的传统游击战束手无策，那么将来即便投入技术含量更高的"科幻部队"，恐怕也很难取得费效比划算的实际战果。

兵戈相向的活力对抗，基本上是一种"非对称"的斗法，完全没必要亦步亦趋地模仿对手的武器装备、军事体制、军事理论和作战方法。战争实践孕育出的辩证法告诉我们：尺有所短，寸有所长。能夺敌所恃则敌屈，能击敌要害则敌溃。以主战坦克为代表的现代系列装甲武器装备,虽面临失去射程优势、抗毁能力下降、机动组织困难和"天敌"增多变强等挑战,但同时拥有火力、机动、防护三大陆战基础优势,仍是当前和未来一段时间内任何其他地面武器系统无法替代的,这是战争适应力和战场生存力的根本体现。

新旧武器装备犬牙交错,扬弃并存,螺旋上升是战争发展的基本规律。俄罗斯重建坦克部队威慑西方之举提醒世人:只要战争的最后胜利离不开占领与控制,就离不开地面上的角逐;只要存在地面争夺,就必然有陆战;只要陆战存在,而轻武器又无法有效摧毁装甲目标,作为陆军主力的装甲兵就不会轻易退出历史舞台。

中国国防报　2016.9.9　有改动

积极筹谋应对智能化战争

——从"阿尔法狗"战胜围棋世界冠军说起

2016年3月9日，围棋机器人"阿尔法狗"与世界围棋冠军职业九段棋手李世石展开举世瞩目的"人机大战"，开始不被看好的"阿尔法狗"最终以4:1战胜对手。这是人工智能首次在人类最复杂的博弈游戏中挑战并击败最高级别的人类选手。此次对战掀起全社会对人工智能的关注热潮。媒体和评论家们纷纷发出人类被逼到"墙角"和人类尊严已难捍卫等评论。"阿尔法狗"的胜利提醒世人，世界正在快速攻克人工智能及其实际运用面临的障碍。

机器战胜了人类，我们该为此高兴还是发抖？为了打消人们的担忧，研发"阿尔法狗"的谷歌公司高级研究员称：设计"阿尔法围棋"的最终目的是建立一种通用的人工智能，在医疗和老年看护机器人方面进行应用。我们不怀疑人工智能可以造福人类，但其研发动机当真如此单纯吗？据媒体披露，早在1997年，击败当时世界排名第一的国际象棋大师卡斯帕罗夫的超级计算机"深蓝"，就是美国国防部的资助研发项目！

著名物理学家霍金曾表示，人工智能的完全开发"可能导致人类的灭绝"。去年7月，包括霍金在内的上千名科学家签名请愿，要求禁止开发"自动进攻武器"和"杀人机器人"。科学家们的愿望很美好，但历史和现实告诉我们，任何一项新技术，只要可能用于军事，就必然会不以人的意志为转移地迅速应用于军事。在战争需求刺激下，人工智能在军事领域的发展异常迅猛。美国已经将"捕食者""全球鹰""死神"等无人机，及"利剑"机器人等智能化无人装备投入阿富汗和伊拉克战场。

人工智能会不会导致人类灭绝？目前尚难定论。但西方强国积极研发军用机器人，企图利用新型作战能力压制竞争对手，谋求世界霸权的野心昭然若揭。无人技术的快速发展、无人武器的大量列装、无人化作战力量的日渐壮大和频繁运用，推动着信息化战争形态由"数字化＋网络化"的初级阶段，向"智能化＋类人化"的高级阶段加速演进。面对呼之欲出的智能化战争，我们必须未雨绸缪，从正、奇两方面积极探索应对之策。

中国国防报　2016.3.31　有改动

从美军重提"武库机"概念说起

参考消息网 2 月 13 日报道，美媒称，下一次美国高科技喷气式战斗机与一个主要敌手进行空战时，将可能得到一些重要的支援——来自重型轰炸机的支援，这些轰炸机经过改装，可携带成百上千枚导弹，并能够在战斗机飞行员的指挥下发射这些导弹。据美国《新闻周刊》网站 2 月 10 日报道，这些升级后的轰炸机有一个很酷的新名字："军火库飞机"。

早在冷战时期，美军就曾提出过空射巡航导弹版武库机构想，现在重提"武库机"概念，其实是为了弥补当前美国空军火力不足的短板，美军"第五代"战机为了取得优异的隐形性能而牺牲了很多其他指标，尤其将武器严格地隐藏在舱内大大限制了战斗机的载弹量。例如 F-22 战斗机机舱内的标准负载量是 4 枚空对空导弹以及 2 枚 1000 磅（约合 454 千克）重的炸弹。与之相比，俄罗斯和中国的很多战机尽管不隐形，但它们的机身和机翼携带导弹和炸弹的数量通常可达 10 枚以上。"军火库飞机"计划企图用 20 世纪 80 年代制造的 B-1 轰炸机，甚至 20 世纪 60 年代制造的 B-52 轰炸机与美国"第五代"隐形战斗机合作。F-22 或 F-35 战斗机在前面开路，躲避侦察并确定目标，随后跟进的 B-52 或 B-1 轰炸机不需隐形，只要装载大量弹药，在战斗机飞行员的指示下投弹即可。

一般来说，战斗机通过自身传感器发现目标。飞行员发射武器，武器通过电脑记忆的方位射向目标。该过程需要一个实际线路的连接，而"军火库飞机"并没有这种连接，由一架战机告诉另一架战机精确射击目标的信息，这种技术难度挺大。此计划能否顺利实施姑且不论，但计划本身反映出一个值得重视的问题：信息化战争中，火力仍然是制胜的重要因素！

毋庸置疑，信息化战争，制信息权已成为主导战场的"权中之权"。信息改变了军事对抗的形式，但却没有改变战争暴力的本质。信息可以实现对战场能量的控制，实现能量的精确释放，但却无法实现对敌方目标的直接物理摧毁。"战争是流血的政治！"一定意义上讲，通过信息优势达成战争目的，往往是以强大的火力存在为前提条件的。没有强大的火力打击能力作为后盾，即使掌握了绝对的信息优势也很难"不战而屈人之兵"。海湾战争爆发前，无论美军采取什么威慑手段，伊拉克始终拒绝撤军，但经历了一场空地一体的压倒性火力打击后，损兵折将的伊拉克认输了。科索沃战争，南联盟之所以在 78 天的空中打击后签订屈辱的"城下之盟"，关键是北约的空中火力摧毁了南联盟大量事关国计民生的重要基础设施，最终摧毁了南联盟军民的抵抗意志。美国十年反恐战争的标志性胜利，也是特种部队击毙拉登那场刺杀行动的结果。事实证明，信息化战争，火力仍然是军事行动的"基石"，是战争中最重要的"话语权"，是达成歼敌目的乃至实现战争目的最彻底的手段。

美军重提"武库机"概念警示我们，无论战争怎样发展，无论作战形态如何改变，至少在当前和不远的将来，火力战仍然是极具威慑力和震撼力的作战形式。信息化战争离不开火力战的支撑，提升信息化水平的同时，亦不可忽视杀伤性武器装备研发和火力运用问题研究。

中国国防报　2016.3.18　有改动

气象武器不得不防

——从俄"打造末日武器"说起

近日，俄媒称，俄罗斯在 2020—2025 年可能拥有一种不对称的超级武器。俄罗斯分析，从地球物理的角度看，美国非常脆弱。美国黄石国家公园位于超级火山的火山口，百万吨级的核爆就足以引起火山爆发，这样整个美国都将被埋葬在几米甚至几十米厚的灰烬之下。美国的另一弱点是太平洋板块和北美洲板块之间长 1300 千米的圣安德烈亚斯断层。由于美国超过 80% 的人口居住在略高于海平面的沿海地区，即使几十米高的海啸也足以导致灾难性后果。据俄科学家计算，如果沿大西洋和太平洋转换断层在水下 1.5 千米～2 千米深处引爆几枚核弹，将在美国沿岸掀起 400 米～500 米高的巨浪，冲走 500 千米内的一切。如果核爆发生在接近海底的深处，就可能破坏板块接合处非常薄的地壳，流入海水的岩浆将使核爆威力成倍增加。在这种情况下，海啸可能高达 1500 米，破坏范围超过 1500 千米。这是非常"清洁"的武器——核冬天不会来临，因为不会形成巨大的尘埃云，但水蒸气会变成放射性暴雨倾泻在美国。这种打击无疑将引发整个地区的地质构造活动，包括黄石超级火山爆发，逆浪将淹没整个北约。俄专家估计，研制生产这种超级炸弹及运载工具需要 5～10 年，也就是说，这种不对称的超级武器可能在未来 10 年内出现在俄罗斯。它将排除一切对俄发起大规模战争的威胁，哪怕对手在传统武器上拥有绝对优势。

俄罗斯的"不对称超级武器"其实是以地球物理破坏进程作为主要杀伤要素的气象武器。气象武器是指运用现代科技手段，人为地制造地震、海啸、暴雨、山洪、雪崩、热高温、气雾等自然灾害，改造战场环境，以实现军事目的的一系列武器的总称。俄罗斯针对对手地质弱点，研发制造火山爆发、海啸等自然灾害，破坏力比最强的核弹还大几十倍，这种"末日武器"一旦使用，必将造成整个人类文明的灾难，所以其战略威慑意义远超实战运用。

其实，气象武器的发展运用，在人类历史上由来已久。有计划地将气象武器技术用于战场或生态环境，起源于第一次世界大战，到"二战"时已有较大发展。1943 年美军在进攻意大利南部的战役中，出动飞机在伏尔特河面上低空播撒造雾剂，形成了 5 千米长、1.4 千米宽、1.6 千米高的雾墙，隐蔽其渡河行动。

越南战争期间，为了阻止越南获得国际援助，美军在"胡志明小道"周围实施人工降雨，对道路造成严重破坏，使得中国援越物资运量大减。此后几十年间，外军先后开展了一系列气象武器项目研究实验，如制造地震的"阿耳戈斯计划"、形成干旱的"白顶计划"、改变飓风路径的"狂飙计划"、制造雷击闪电的"天火计划"以及实施人工降雨、改变暴风雨方向的"暴风雨计划"等。进入 21 世纪，军事强国在该领域更展开了新一轮竞技。美国在"高频主动极光研究项目"亮相后，又研制推出"温压炸弹"，并成功应用于阿富汗战场；英军研制成功了"热压气雾武器"；俄罗斯则于 2008 年研制推出了"太阳武器"，现在又开始打造令人闻之色变的"末日武器"。

气象武器蕴藏着无穷的能量，一旦投入运用，可能给对手造成巨大的甚至是难以想象的破坏。这种破坏看不见弥漫的硝烟，听不见隆隆的炮响，几无征兆可寻。且有些气象武器使用后，要经过一段时间的酝酿积累才产生后果，更具隐蔽性，遭到袭击的一方往往难以分辨究竟是"天灾"还是"人祸"。

鉴于气象武器会对环境造成巨大的破坏，甚至危及人类赖以生存的地球，联合国早在 1977 年就通过相关协议，限制人工影响天气技术应用于军事范围，禁止各种气象武器用于进攻目的。2010 年国际公约明文规定："禁止作战双方使用气象武器"。遗憾的是，种种迹象表明，近年来，一些军事强国或明或暗发展气象武器的势头有增无减。弱肉强食不择手段的"丛林法则"首先在列强中不会轻易放弃。风云际会的天候气象嫁接高科技的双翼，可在不经意间影响未来战争与和平的天平。所谓"防人之心不可无"，我们切不可忽视该领域的研究。

中国国防报　2015.5.19　有改动

设计装备就是设计未来战争

——有感于"F-35 尚未服役就已过时"

据美国《国家利益》网站披露，美国将花费超过 4700 亿美元制造 F-22 和 F-35 隐形战斗机，但这些昂贵战机研制时间太长，以至于在某些方面已经过时。例如，F-35 机头中的光电传感器已过时 10 年——尽管该战机尚未服役。如果考虑隐形战机令人望而却步的维修费用，要使这些战机服役，代价将超过 1 万亿美元。更严重的是，中国和俄罗斯都在研制新的防空系统，这些防空系统配有新式超高频和甚高频雷达，而 F-35 的红外、目视和雷达信号特征都远大于 F-117，只擅躲避 Ku、X、C 和部分 S 波段的高频火控雷达，其隐身能力对抗中、俄防空系统的胜算并不大，这将使美国对第 5 代战斗机的巨大投资付之东流。美国纳税人实际上正在把上千亿美元砸在日益无用的技术上。

对技术优势的狂热崇拜，令美军始终保持着深深的危机意识。其《国防部转型计划指南》明确指出："我们正在营造一种可持续转型的文化，保证美军总是比任何潜在对手超前几步。"越南战争结束后，尽管美军至今没有在空对空作战中损失过一架飞机，他们仍不遗余力地研发 F-22、F-35 等各项性能指标均无可比拟的新一代战机，企图确保美军的"绝对优势"。这种认为优势技术将给美国带来胜利的观点是典型的文化思维惯性使然。美军曾想当然地以为，既然性能优异的第 5 代战机能有效摆平最具威胁的冲突，应对其他任何形式的冲突当然更不在话下。事实并非如此。阿富汗战争，美军根本不能像使用 F-16 和 F-15 那样部署或使用 F-35——因为负担不起这种飞机的运行维护成本及燃油消耗。用 F-22 空袭"伊斯兰国"也被认为得不偿失——因为"我们正在迅速消耗 F-22 的机体寿命"。

现代战争是两个复杂巨系统之间的对抗，单件武器包括单一军兵种缺乏体系支撑都很难唱好"独角戏"，过于昂贵的武器系统准入门槛太高，更会在费效比上先输一筹。系统功能的整体优化、充分发挥才是制胜关键。美国空军上校迈克尔·皮鲁查因此建议空军，像陆军砍掉"科曼奇"直升机项目一样对待 F-35：保留已经采购的 F-22 和 F-35 作为高端力量，停止继续采购、扩大 F-35 机队，同时采用 5 代机技术升级 F-15 和 F-16，甚至使用低成本的教练改型攻击机进行本土防御。这种"高低搭配"的混合编制应该具备可接受的运营成本和更广阔的运用前景。

　　美军 F-35 隐形战机研发面临的窘境启发我们：认识和把握转型时期发展变化的战争形态和军队建设，要用辩证唯物主义和历史唯物主义的立场、观点和方法。军事变革是一个复杂体系的转变，绝不是单纯的科学技术转型，更不是一两项新技术、新武器所能解决的问题。理论研究和技术储备要站在前沿，军事斗争准备则必须脚踏实地。设计装备就是设计未来战争。要分清一般和特殊，分清现实与未来，分清他人和自己。思想僵化保守，刻舟求剑，必然脱离时代；而好高骛远，过于超前，完全脱离实际，同样不利于我们的建设和发展。需求牵引，归根结底是作战任务牵引，只有对未来作战做出符合客观实际的描绘，将作战任务细化、具体化，才能看清需求、明确需求，避免决策的随意性和发展的盲目性。如果将目光仅仅盯在"技术"领域，一味求高求新，就会将整个军事转型演化成一场"技术崇拜"，甚至陷入唯武器论的泥淖，并由此丧失军队建设的历史机遇。

中国国防报　2015.5.18　有改动

有感于俄罗斯"白天鹅"浴火重生

图-160"白天鹅"是苏联在美国开始发展B-1B战略轰炸机之后，于1967年启动的战略轰炸机发展计划，1986年装备部队。图-160采用变后掠翼翼身融合体气动布局，有效兼顾了高空超声速和低空高亚声速性能，最大起飞重量275吨，最大飞行速度2.1马赫，并具有超声速连续飞行能力，是世界上最大、最快的战略轰炸机，各项性能指标全面超过美B-1B，被苏联自豪地称为"世界上最有力的打击系统"。

冷战结束后，俄罗斯深陷经济危机，为获取经济援助，曾一度亲近西方，军事上奉行"纯防御"战略，远程战略轰炸机开始了长达10余年的赋闲岁月。俄军现在仅存16架图-160，且其中大部分发动机已超使用寿命。

20世纪90年代中期开始，美国大力主导北约东扩。尤其2000年后，美国和北约变本加厉，在独联体国家培植反俄势力，策动"颜色革命"，军事力量进驻中亚，恢复反导系统并在俄周边部署，令俄罗斯彻底认清了美国和北约的本性。为保卫国家利益、捍卫民族尊严，实力回升的俄罗斯于2007年恢复战略轰炸机全球例行战斗巡逻，与美国航母对峙、闯北美防空识别区、逼近英国领空……战略轰炸机被俄罗斯奉为表达地缘政治意愿，展开国际战略博弈的国之重器。

近年来，面对美国和北约咄咄逼人的挑衅，俄罗斯空军又有了新打算——改造现有的图-160，并开始研发新型轰炸机PAK-DA（未来远程航空系统）。2014年底，第一架升级版图-160交付军方，几乎所有机载雷达和导航设备都被更换。解决发动机问题后，对"白天鹅"的大规模改造从2016年开始，计划在2020年前至少改造10架，升级版的图-160还将获得新型远程巡航导弹。俄军方认为，升级改造后"白天鹅"的作战效率将提高近一倍，威力大增。

俄罗斯"白天鹅"浴火重生，对我军装备建设发展不无借鉴。历史和现实告诉我们：落后就要挨打，崛起必遭遏制。安全来自实力，尊严来自实力，和平也来自实力。能战方能言和。新形势下，我国空军担负的使命任务已发生了很大变化，职能范围由应对战争威胁向支撑国家利益拓展；作战范围由立足本土向远程远海延伸。使命任务的拓展，对空军的远程作战能力提出了新的更高要求。习主席指出，建设空天一体、攻防兼备的强大人民空军，是时代赋予空军的重大使命，是新形势下维护国家主权、安全和发展利益的必然要求；要优化力量结构，加快新型作战力量建设，尽快实现向攻防兼备型的转变。

空军是典型的进攻型军种，无论是应对安全威胁挑战，还是加快空军建设发展，加强空军远程作战能力建设都势在必行。只有具备了"毁源头、反本土"的进攻手段和能力，强敌才不敢轻举妄动。应按照"论证一代、预研一代、研制一代、生产一代"的思路，加大经费投入和科技攻关力度，打造以自主创新为主，引进和自研相结合，与远程作战相适应的武器装备体系。优先发展战略轰炸机、空天飞机、临近空间飞行器、无人作战飞机，抓紧研发第四代作战飞机及配套的新型机载弹药，为提升远程作战能力提供可靠的装备技术保障。发展重点武器的同时，还要配套研发空中远程监视、指挥控制、导航定位、电子对抗、空中加油、基地保障等作战保障体系，使空中进攻力量在遂行远程作战任务的全程都能得到及时可靠的支援保障。

西汉将领陈汤曾留下一句千古名言："明犯强汉者，虽远必诛"。纵观历史，任何一支强大的军队无不是具备强大远战能力的军队。我军之所以在总体上尚处防御型，一个重要原因就是远程作战能力不足。从这个意义上说，提高空军远程作战能力是提高我军综合作战能力，进而增强国家军事战略能力的重要举措。

中国国防报　2015.3.31　有改动

加快提升官兵的兵器素养

"二战"期间，麦克阿瑟的部队和中国远征军几乎同时列装美国最新研制出的火箭筒和喷火器，但相同兵器发挥的效能却大不一样。太平洋战场上的冲绳战役、硫磺岛战役，这两款攻坚利器在美军手中无坚不摧，给日军造成惨重伤亡和极大震慑。而中国的腾冲和松山战役，火箭筒、喷火器并未收获显著战果，因为当时绝大多数中国士兵文化水平低，能掌握使用方法的人太少，很难选出适合的兵员学习，学了也只能达到"粗通"水平，发挥不出兵器应有的威力。

兵器是直接用于杀伤、破坏、瘫痪敌有生力量、军事设施和战争潜力的作战工具，是组织实施作战的重要物质基础。诸葛亮发明"连弩"，力量较弱的西蜀对抗曹魏强敌时一度占据主动。戚继光发明狼笼、编创"鸳鸯阵"，剿灭了东南沿海的倭寇；镇守北疆蓟州时又引进和改造"佛郎机"火铳，将其安装在自行设计的坚固战车上，粉碎了蒙古骑兵的集团冲锋。这些战例说明，兵器是决定战争胜负的重要因素。但再先进的兵器，没有正确的操作运用，都只能是一件摆设而已，弄不好还会"搬起石头砸自己的脚"。"二战"中，美军"唐格号"潜艇攻击日舰，由于士兵的误操作，发射出的鱼雷居然180度回转，击沉了自己。所以，古今中外优秀的将帅、善战的军队无一例外都具备较高的兵器素养，强调实现人与武器的最佳结合。

兵器素养，是指高度重视兵器，并自觉地从兵器技战术性能和实战运用角度，谋划作战、指导部队建设表现出的一种思维方式和行为特征。武器之所以被军人视为第二生命，不在于其昂贵的价格或超前的技术含量，而在于它的使用价值，即消灭敌人、保护自己。作为实现人与武器有机结合的重要前提，兵器素养不应成为军人素质结构中的"短板"。

高科技的发展标志着知识密集度和附加值的与日俱增，对现代军人提出了严峻挑战。高科技不同于普通科技，往往具有"不透明性"，即深藏性。没有足够的知识储备和必要的基本技能，即使拿到高科技的武器装备，短时间内也难以破解和掌握，更谈不上熟练运用。1990年，伊拉克入侵科威特，缴获了一批美制"霍克"防空导弹。海湾战争初期，多国部队飞行员极为担心，生怕被"霍克"击中，可直到战争结束，也没见伊军使用这些导弹，原因是伊拉克士兵掌握的知识不够，不会用。好东西不会用，成了"烧火棍"。

伊军的教训对我军不无警示。古人云："刃不素持必致血指，舟不素操必致倾溺，弓不素习而欲战胜者，未有不败者。"现代化武器装备技术含量高、结构复杂、维护保养困难，对兵器知识一知半解，就不可能做到熟练掌握和灵活运用。

当前，随着我综合国力的不断提高，武器装备也得到迅猛发展。新装备列装部队的速度越来越快、型号越来越多、信息化含量越来越高。仅仅弹药种类都比过去大大增加。除了传统的榴弹、穿甲弹、破甲弹、碎甲弹、子母弹等，还新增了多功能弹、攻坚弹、遮蔽弹、电视侦察弹、通信干扰弹、远程末敏弹等。不同弹药功能不同：攻坚弹打击工事目标威力极大，却难以有效打击装甲目标；遮蔽弹能迷茫对手视线，却无法对敌构成实质性杀伤。选错了弹药种类，打得再准也没用。不仅如此，即使选对了弹药也未必能打得好，药包数量、引信装定方式稍有差异，打击效果就大不一样。有的弹药射击前需要专门设备装定时间。凡此种种，都对指战员的兵器素养提出更高的要求。

"人尽其才，物尽其用"，要求每个人都充分发挥自己的才能，每件物品都充分发挥它的作用。熟悉装备才能正确指挥，了解武器才能出奇制胜。信息化时代的今天，加快提升我军官兵的兵器素养时不我待。

中国国防报　2015.1.9　有改动

高度重视武器装备维修保障

不久前，沈阳军区某训练基地举行了一场实兵自主对抗演练。数十套某型装备在持续几天的演练中全速运转，直至演习结束，无一台装备后送维修，所有故障全在火线上就地解决。这是我军着眼实战转变组训模式取得的可喜成绩。

武器装备维修保养，是恢复和保持战斗力的重要手段。维修的质量与速度，直接影响武器装备的良好率、可用率、故障率、维修工时率和器材消耗率等指标。维修保养得好，一架飞机可顶几架用；反之，几架飞机还不顶一架。战时的武器装备抢修更是意义非凡，迅速做好战损装备收集、器材供应和抢救修理等环节，能使战损装备凤凰涅槃般获得新生，大大提高打赢能力。

第四次中东战争北线的对抗中，叙利亚军队损失坦克1300余辆，而以军所有的坦克均被击中1~2次，但其中许多很快就被修复，并重新投入战斗，仅有100多辆坦克被彻底摧毁。尤其是战争初期的戈兰高地防御战，以色列第7装甲旅遭到叙利亚军队5倍兵力的突然袭击，拼死抵抗3昼夜后，全旅仅剩7辆坦克。叙军再次增兵猛攻，防线眼看就要崩溃，此时，以军经紧急抢修的13辆坦克重新投入战斗，凭借这最后20辆坦克的绝地反击，终于击退对手。是役，以色列之所以能在极其被动的情况下力挽狂澜，顽强的战斗精神和高超的战术素养当然是制胜关键，而卓越的后装保障同样功不可没，战场抢修发挥了不可或缺的重要作用。

维修是一门新兴的技术科学，是用以指导维修系统工程的理论规律的总和。它一边吸收着现代基础科学的精华，同时也运用着最新的技术成果，发展了包括机械、军械、特种设备，以及电子、网络等各种专业学科的综合科学。

海湾战争中，美国空军采购了一套2亿美元的电脑系统管理航空器材。一旦战机出现故障，维修人员立即通过电脑查询所在基地库存，对缺少的零部件，经网络通知美国本土，选择最近的飞机空运至海湾，借此实现海湾"零库存"，开创了"网络维修"的先河，大大提高了工作效率和战斗力的恢复再生能力。海湾战争结束后，美军总结实战经验，提出了以可靠性为中心的维修观念，开始应用计算机技术推动装备保障由经验维修向科学维修转变。

我军由小到大，由弱到强，在多年革命战争中积累了武器装备维修保障的丰富经验，其中许多即便用现代观点看，也是应当珍惜和发扬的。当前，以新型武器平台、精确制导武器为代表的装备保障任务量及信息化含量日趋增大，与传统的机械化装备维修保障相比，变化深刻，需要我们与时俱进，研究新理论，探索新对策。

　　首先，对维修性质的认识仍需深化。一方面，维修不是直接的作战行动，属于保障行动；另一方面，它又不同于"后勤"保障，而属"战勤"保障。因为武器装备都是经"维修之手"托出去的，甚至到了难以与作战行动剥离的程度。所以，维修理论的作战色彩亟待加强，诸如维修指挥学、作战与维修合成学等学科理论都有待开拓。其次，维修管理应由"多口分管"向"集中统合"转变。信息化武器装备多专业、多技术相互交织、互用通用，维修保障必须打破各类装备归口分管的做法，实行集中统合，按装备技术性质分类组织维修，达到资源统配、任务统筹、维修统管的目的和效能。最后，维修时机应由"事后维修"向"预防维修"和"战地抢修"转变。信息化装备的特点往往是检测维护重于故障排除。要以预防性修理和可靠性恢复保障为重点，指导部队逐步实现由排除故障向检测保养转变，由事后维修向预防维修转变。在信息化装备维护上，必须坚持适时监控动态技术性能；在摩托小时和车公里数管控上，必须组织定时、定程维护，确保装备战备储备符合规定标准。要完善基地化训练模式，依据专业技术部队特点规律，运用声、光、电、计算机等虚拟现实技术，建成能够模拟复杂战场环境的综合训练场地，在近似实战的环境下强化维修保障人员战场抢修、配发和递送能力训练，提升装备抗毁再生、快速恢复的能力，加强机动装备快速维修训练，提高野战装备抢救抢修能力。

中国国防报　2015.1.29　有改动

加强雾化战场能力建设

——从美军研发新型干扰烟雾说起

据媒体报道，美国海军正在对一种碳纤维"烟雾"进行海上测试，这种"潘多拉之雾"最近在关岛南部将3艘舰船笼罩在了烟雾中。美海军官员希望借助新型干扰烟雾挫败来袭导弹的导航系统，掩护己方舰船。另据外媒消息，美国陆军也在积极研发对人体危害更小的高效环保烟雾弹，以取代从"二战"沿用至今的MP-2S-HC烟雾弹。

烟雾弹对人们来说并不陌生。自古以来，战场上真真假假、虚虚实实充满诡诈，你死我活的较量中，利用烟雾迷茫对手、隐蔽企图的战例屡见不鲜。既有奇袭取胜的辉煌，也有撤退成功的经典，《三国演义》中草船借箭的故事更可谓家喻户晓。古代科技水平落后，军事家们运用烟雾的手段相对原始，比较常见的是借助于自然天气。20世纪以来，军事科技蓬勃发展，尤其"二战"期间，烟雾弹开始广泛应用于战场，在掩护重要目标、隐蔽部队行动、干扰对手侦察、迷盲敌方火力等方面发挥了很大作用，成为一种不可或缺的遮蔽或伪装武器。进入21世纪，随着高科技侦察与监视技术的突破性发展，侦察的时域、空域和频域大为扩展，无论太空、空中、地面、海上或水下，一体化侦察探测系统的感知效能明显增强，战场透明度空前提高。从防区外发射精确制导武器，摧毁对方战役甚至战略纵深的要害目标，成为信息化战争的基本打击手段。有人因此认为，烟雾弹这种工业时代的武器装备在信息化时代已经过时，失去了用武之地，应该退出历史舞台了。这种观点失之偏颇。

2006年阿富汗战争期间，塔利班武装曾精心组织过一次较大规模的进攻作战。美军代号"梅杜莎"的清剿行动中，第31特遣队百余兵力进至斯皮万加尔高地时，孤立突出，塔利班武装趁机向其猛攻。激战不久，美军弹药告罄、人员伤亡较大，陷入危局。塔利班集中兵力，企图全歼这一对手。不料，美军迅速引导B-1轰炸机使用精确制导炸弹连续摧毁其7座集结院落，并使用"支奴干"和"阿帕奇"直升机进行紧急空中补给和伤员撤离，甚至召唤位于印度洋"企业号"航母上的舰载机实施火力打击。缺乏防空火力的塔利班武装眼看着弱敌转瞬变强，自己却无遮无挡地暴露在敌火力下，损失惨重，不堪再战，只好撤退。

　　信息系统本身带有与生俱来的局限性。红外和电子眼、激光系统的性能，在恶劣气象和人造烟雾、水幕、火光等条件下会被大幅削弱。即便是高清晰度的机载雷达，在其作战半径之内，有时也难以辨别目标究竟是一辆坦克还是一辆卡车，更遑论那些目标较小且经过刻意伪装隐蔽的有生力量。斯皮万加尔高地之战，塔利班若能借助烟雾弹等传统装备有效雾化战场，即便不能抓住战机，迅速贴上去全歼对手，至少不会遭受太大损失。

　　武器装备的革故鼎新，是一个由量变到质变的发展演变过程，不可避免地会表现出代际间的继承性，截然划分军事技术的发展时代犹如抽刀断水。正如原子弹并不排斥地雷、手榴弹一样，常规武器的非常规化恰恰是高技术的基本表现形式。远程精确打击技术既然无法彻底剥夺隐蔽伪装等中低技术存在的合理性，当然就不可能独领风骚包打天下。无论塔利班武装血的教训，还是美国海军、陆军研发新型烟雾武器的现实，都从不同角度提示我们：未来作战不可能完全是"高大上"层面的对抗，必然是高中低技术并存、十八般武器并用的"混合战争"。把握好继承与创新的辩证关系，积极加强雾化战场能力建设，在信息化条件下仍然具有现实意义。

中国国防报　2014.9.9　有改动

俄罗斯自主研发平板电脑的启示

据媒体报道，俄罗斯已研制出安装本国操作系统的平板电脑鲁帕德。鲁帕德拥有双核处理器，具备像 3G、蓝牙、GSM 之类的现代通信功能，并有专门按钮，能随时物理断开可能传递信息的模块如扩音器、麦克风、摄像机、全球定位系统等。这种平板电脑沿袭了俄制装备性能稳定的优点，可在水下或温度高达 55 度的极端环境中工作。无论民用版还是军用版，鲁帕德都有防护软件，对发送的所有信息加密，并对获取信息解密。当下俄罗斯无线电市场，90% 以上的产品从成品到配件都由外国公司生产，鲁帕德的成功研发和推广具有重大价值和深远意义。

海湾战争以来的历次局部战争，信息是第一战斗力的理论得到了充分诠释。美军凭借先进的理论指导和强大的技术优势将指挥、控制、通信、情报以及攻击和评估连成一个整体，始终掌握着制信息权，一次次以极小的代价打败对手。"信息力"逐渐成为当今时代决定战争胜负的核心军事能力，从技术层面讲，信息化武器装备已经成为影响军队作战能力的关键因素。

军事信息系统作为作战武器，要想在对抗中发挥效能，设计研发和建设阶段就必须兼顾攻防，谋深虑远。海湾战争后，美国中央情报局和国家安全局即招标研制计算机病毒武器，主要研究如何将"病毒源"固化在出口的计算机及其他相关设备上。一旦与别国发生冲突或战争，而该国的重要部门又使用了美国制造的计算机，美便可通过一些常规或非常规手段激活"病毒源"，令对方的指挥控制系统、国计民生关键产业、社会安全保障机制遭受巨大破坏，从而大大削弱对手实力，瓦解其抵抗意志。美国出版的《下一次世界大战》中写道：美国和英国情报部门，在出口俄罗斯、伊朗和中国的电脑和技术装备中预置可用遥控激活的病毒。我们无从考证书中内容的真实性，但必须警惕信息时代的"木马计"。没有融入信息安全理念的信息化建设，等于把控制自己"战马的缰绳"拱手让人。

当前，我国金融、能源、交通、电力等关键业务网络已基本实现信息化、网络化，但防护手段还严重缺失。国家和军队的战略网络同样面临平时被控制、战时被瘫痪的巨大风险。

对于信息技术发展相对滞后的国家，采用信息产业大国的产品和技术在所难免，但由此带来的安全隐患非常严重。墨菲定律告诉我们："有可能造成差错，必将造成。"建设中忽视安全问题，使用中定会为敌所乘。2008 年俄格冲突，格鲁吉亚政府网络遭受"蜂群"式拒绝服务攻击，造成长时间网瘫，开创了国家间网络攻防的先河。2010 年，以西门子数据采集与监控系统为攻击目标的"震网"病毒猝然发难，伊朗境内包括布什尔核电站在内的 5 个工业基础设施受到重创，成为运用网电手段攻击国家电力能源等关键基础设施的先例。

俄罗斯自主研发平板电脑启示我们：应以国家创新体系为基本依托，把提高自主创新能力作为战略基点，把军队乃至全社会信息化建设的命脉牢牢掌握在自己手中。因为"只有把核心技术掌握在自己手中，才能真正掌握竞争和发展的主动权，才能从根本上保障国家经济安全、国防安全和其他安全"。

中国国防报　2014.8.12　有改动

从俄研发"赛艇"导弹说开去

报载，俄罗斯已研制出新型水底弹道导弹，这种代号为"赛艇"的导弹可装在集存储、运输和发射于一体的特制容器中，由小型潜艇秘密运送至海底布设并长期隐蔽待命。与传统的陆基固定发射弹道导弹相比，"赛艇"不仅准备简单、维护方便、戒备率高、打击精度优，而且具备和潜射弹道导弹一样的二次核打击能力。平时，它只需静静潜伏，一旦被指令激活就能实现真正的全天候、全天时发射。这种投入较少而费效比极高的新式武器将俄罗斯的战略核力量组成拓展至"四位一体"，成为其维护国家安全战略的重要筹码。

"天下虽安，忘战必危！"可以百年无战争，不可一日无战备。战备做得好，计划周密，落实到位，小国弱国也可能对强敌构成威慑，以慑止战，赢得和平。瑞士从 1815 年宣布永久"中立"，200 年无战事，但其战备意识非常强，每年都以遭敌空袭为背景，组织大规模全民防空演习。一位瑞士外交官曾自豪地说："如果问我为什么国家几百年来没打过仗，那是因为我们随时都在准备打仗！"与之相反，很多大国强国战备意识不强，或者战备工作没落实好，在对手的突然袭击中损失惨重。"二战"时德国的闪击战让英、法和苏联都吃过大亏，日军偷袭珍珠港也重创了美国太平洋舰队。所以，国家的全体公民都要高度重视战备，军人尤其应该枕戈待旦。巴顿曾经说过："我相信有备无患，我历来带着手枪，就是系上白领带，穿着燕尾服时也是这样。"对军人而言，"没有所谓的和平时期，只有战争状态和备战状态！"

"工欲善其事，必先利其器。"研发武器装备是加强战备工作的重要方面。有了克敌制胜的装备，才能有效震慑强敌，甚至"不战而屈人之兵"。新中国成立后，面对帝国主义的战争威胁和封锁围堵，毛泽东从最危险最黑暗的可能性出发，预见可能出现的各种不测，勒紧裤腰带集中力量研制原子弹、氢弹，随着"两弹一星"的试验成功，笼罩头顶的核乌云立即烟消云散。"如果 60 年代以来中国没有原子弹、氢弹，没有发射卫星，中国就不能叫有重要影响的大国……！"任何国家的国际地位与其军事实力都是分不开的。

加强军备不仅要从难从险，还要区分各战略任务的轻重缓急，统筹兼顾长期发展与短期建设的关系，讲求经济效益，协调投入比例。有所不为，才能有所为。20世纪80年代初，美国故意抛出所谓的"星球大战计划"，苏联奋起直追，全面展开与美国的军备竞赛，令糟糕的国民经济雪上加霜，国家实力和国际地位一落千丈，成为迅速崩溃的原因之一。几乎同一时间，我国改革开放的总设计师邓小平作出世界大战短期打不起来的正确判断，抓住难得的战略机遇期，将发展重点调整到经济建设上，取得了举世瞩目的辉煌成就，国防建设也随之跟进发展。国富才能兵强，提高经济实力也是加强战备的一个重要方面。

有军事专家认为：冷战结束后，北约东扩、颜色革命和部署反导系统是美国砍向俄罗斯的"三板斧"。受制于自身实力，俄罗斯的应对方式风格迥异。北约东扩时，俄力量虚弱，只能"猫着腰"忍耐；颜色革命时，俄力量回升，勉强"直着腰"周旋；部署反导系统时，俄实力大增，敢于"挺起腰"回应。从科索沃战争到俄格战争再到今天的出兵克里米亚，越来越强的"打赢"实力，支撑俄罗斯越发潇洒地亮剑向敌。

不论战时亮剑迎敌，还是平时铸剑备战，都应力避与强敌在其占优势的领域作狭路相逢之争。坚持"你打你的，我打我的"不仅要积极探索、创新非对称制胜战法，也要积极研发、改造非对称制胜装备。此类装备不一定都需要超前的概念、领先的技术、复杂的系统，也不一定局限于枪对枪、炮对炮或你攻我防的一一对应，能以合适的费效比支撑我主观能动作用发挥，支持我"奇胜"战法运用的皆称得上非对称制胜装备。俄罗斯研发部署"赛艇"导弹对我国防建设不无借鉴。

中国国防报　2014.7.8　有改动

未雨绸缪之备

孙子曰："兵者，国之大事也。"战略预置是对战略力量、战略部署的超前性处置，是战争准备或实施过程中的预备性行动。从古代的"城高、池深"，到今天陆、海、空、天、电林林总总战争大幕的剪裁取舍，无不映印着战略预置的成败得失。

试析"防乱未乱，备急未急"的战略预置

孙子曰："兵者，国之大事也。"战略预置是对战略力量、战略部署的超前性处置，是战争准备或实施过程中的预备性行动。从古代的"城高、池深"，到今天陆、海、空、天、电林林总总战争大幕的剪裁取舍，无不映印着战略预置的成败得失。

一、战略预置与国家利益甚至民族存亡休戚相关

"凡事预则立，不预则废"，只要人类还处于阶级社会，战争就不会消亡，战略预置就是任何国家的立国铁律，大小、强弱概莫能外。

战备落实到具体行动上，就是预置。北宋立国之初，太祖赵匡胤就有吞并南唐的企图，所谓"卧榻之侧，岂容他人酣睡"。面对强邻垂涎，南唐后主李煜不思备战，不但没有积极的战略预置，反而一味舞文弄墨，沉湎风花雪月，不久便做了亡国之君。"二战"爆发前，英法对德采取绥靖政策，企图祸水东引，让德国进攻苏联。英国首相张伯伦到慕尼黑跟希特勒谈判，出卖了捷克斯洛伐克，自以为得计，称为英国乃至欧洲带来了一代人的和平，结果英法联军很快就被纳粹德国打得溃不成军。相反，战略预置做得好，计划周密，落实到位，小国弱国也可能对强敌构成威慑，以慑止战。

世事如棋，战争舞台不时上演"一招领先，全局俱活"与"一着不慎，满盘皆输"的大开大阖一再警示我们：战略预置与国家利益甚至民族存亡休戚相关，是治国安邦谋兵论战不可不察、不可不细察的大事。

二、科学的战略预见是实施正确预置的前提基础

预见是实践的先导。战略预见是对战争运动过程和结局的前瞻判断，是一种基于历史和现实预测未来的认识活动，也是筹划实施战略预置的前提。毛泽东认为，战争不是神物，仍是世界上一种必然的运动，是有规律可循的。列宁也说过，神奇的预言是童话，但科学的预言却是事实。任何高明的战略预置都离不开科学的战略预见，料敌差之毫厘，战略预置就可能谬之千里。

1928—1939 年，苏联为抵御外敌大规模入侵，斥巨资沿其西部国境线构筑

了绵亘1200千米的"斯大林防线"。气势恢宏、布列森严的防御工程，堪称一项强有力的战略预置。1939年苏德秘密签订互不侵犯条约，此后不到一年，苏联为获取更大的缓冲空间，"收复"兼并了大量土地人口，将边界向西推进了150千米～300千米，并立即开始在新控制地带建立防线。此时感到战事将起，仓促布防中不惜"拆东墙补西墙"。"斯大林防线"的武器、材料被大量挪用，大批驻军也随之撤防西移。岂料，国境线可一夜改变，防线的"以旧换新"却不可能一蹴而就。德军乘虚突然大举进攻，令苏军在战争初期一溃千里、损失惨重，教训十分深刻。

三、目标定位的战慑之分决定预置手段隐显有别

战略预置的目的归根结底不外慑止战争或打赢战争。能"战"方能言"和"。战略预置以"慑"为先，慑之不止，则退而论"战"，只有充分准备，具有了压倒性胜势，或至少能给对手造成无法承受的损失，才可能掌握"战慑皆宜"的主动和自由。

千百年来，中华民族隐忍静柔、崇尚理智的传统文化决定了我国应对军事危机和战争威胁，常常运用"慎战""先胜""全胜"的战略思维分析和解决问题，追求"不战而屈人之兵"的"至善"境界。战争只是最不得已的手段，只有战争实在无法避免，我们才会"以战止战"。抗日战争、抗美援朝，以后的几次边境自卫反击无一例外。不论追求"全胜"目标，还是实现"战胜"目的，积极稳妥、周密细致的战略预置都不失为一种理想的战略选择和必然手段。

战略预置目标不同决定预置手段也不一样。撇开"声东击西""示形动敌"等谋略运用，与"战""慑"两种目标分别对应的是"隐""显"有别的预置手段。隐蔽的预置往往能够以小博大，这类的战略预置不论是"大隐隐于朝"，还是"藏于九地之下"都必须慎之又慎。革命战争年代，我们打入敌人内部的李克农、钱壮飞、熊向晖等"特科三杰"，多次在我党生死存亡的危急关头力挽狂澜。"二战"期间，盟军掌握了纳粹德国的超级密码，为了打消对手的泄密顾虑，面对德机空袭，丘吉尔忍痛牺牲一座城市——考文垂，以惨痛的代价掩护"预置"的情报来源，结果是在赢得整个战争中发挥了巨大作用。

公开的预置或许可以兵不血刃威加于敌，这类战略预置立足慑止战争，常常不遗余力，甚至虚张声势地展示武力。现实中最典型的例子莫过于某些大国的航母编队，无论世界哪个角落出现变数，只要触动了他们的敏感神经，其声势浩大的航母战斗群很快就逼上前去，舞枪弄棒大肆施压，倒也常常得逞

一时。

为了迷惑对手，战略预置也可"隐显结合"。若隐若现，营造含而不露的神秘，或者"能而示之不能，用而示之不用"，强而示之弱，弱而示之强，有时反能收到更好的威慑和惑敌效果。"战势不过奇正，奇正之变不可胜穷也。"预置不外隐显，隐显之变亦不可胜穷也！"运用之妙，存乎一心"，关键在于围绕战略目标，审时度势地灵活把握。

四、见微知著，警惕潜在对手居心叵测的战略预置

冷战结束后，和平与发展成为时代主题，传统战略预置大幅削减。世界大国都进行了较大规模的裁军，美、俄两国各自销毁了一定数量的核武器，美军的海外基地由2000多个逐步削减到300多个。尽管战略预置的数量减少，但由于科技，特别是信息技术的飞跃，综合作战能力不仅没有下降，反而有质的提升。而且随着美国"重返亚太"战略的实施，美日韩澳结盟，达尔文港改造为军事基地，"猛禽"进驻关岛、冲绳，在新加坡部署濒海战斗舰，在菲律宾部署反潜机，与越南举行联合军演……西方大国对亚太地区的"战略预置"不断加强，围堵孤立遏制中国之势昭然若揭。

与此同时，新观念、新技术含量更高的战略预置也在紧锣密鼓地悄然展开。有媒体披露，五角大楼正在秘密打造一种被称为"睡莲"的新一代小型军事基地。这些基地无论面积、设施，还是人员、装备都非常有限，但就像池塘里的睡莲，青蛙可以借此扑向猎物。我国周边已被预置了不少"睡莲"，其先进的雷达、无人机等装备随时可以部署到位。

据美国《防务新闻》周刊网站报道，美军已开始研制名为"上帝之杖"的太空战武器。该项目计划依托太空平台搭载大量直径30厘米、长6.1米、重100千克的钨、钛或铀制成的高密度金属棒，在卫星制导下，利用小型火箭助推和自由落体产生的巨大动能，采取垂直攻击方式，可在任何时间对地球上任何地区的高价值战略目标实施快速、精确打击。其攻击效果堪比核武器，能轻易摧毁大型建筑群和几百米深的地下掩体，且不会产生辐射。美军希望把"上帝之杖"打造成为未来空间对地作战的"杀手锏"，以其取代核武器，作为军事领域新的战略级威慑力量。美国计划在2025年之前完成"上帝之杖"的部署。

信息领域，西方国家利用技术优势，在出口我国的各种软、硬件上预留"后门"也是众所周知而在短时间内又颇为无奈的事实。近期，美国"棱镜"秘密情报监视项目引发的风波愈演愈烈。2013年6月6日，英国《卫报》和美国《华

盛顿邮报》报道，美国家安全局和联邦调查局正在开展一个代号为"棱镜"的秘密项目，直接接入微软、雅虎、谷歌、苹果等9家美国互联网公司中心服务器，挖掘数据以搜集情报。前中央情报局工作人员斯诺登公开披露，美国自2009年起就对中国的数百个目标发动了大规模黑客攻击。他说："我们非法侵入主干网络，不必入侵单个电脑，就可以掌握大批电脑的通信情况。""美国不仅这样做，而且还害怕被人知道，所以不惜动用一切手段防止这件事公之于众。"斯诺登的指控不仅印证了"中国是网络袭击的受害者"，而且充分揭露了美国"贼喊捉贼"，在全球范围内不择手段展开情报预置的"谋深虑远"。

尤其值得警惕的是，西方的基因武器研发全球领先，利用基因分离和拼接技术制造的"热毒素"战剂，只需20克就可涂炭60亿生灵。20世纪90年代初开始，陆续有很多所谓的"中外合作人体试验项目"悄然在我国内地展开，而把试验采集的血清和DNA样本送回这些国家。其研究恐怕不能排除搜集华人基因密码中"易受攻击之窗"的嫌疑。

五、未雨绸缪，全面而有重点地加强我方战略预置

战略预置涵盖的范围非常广泛，国家层面包括人才培养、科技创新、外交捭阖、法律完善以及能源、物资、黄金、外汇储备等；军事层面包括武器研发、装备采办、编制改革、战法预研、战场建设、特工潜伏等。对我国这样一个发展中的大国而言，战略预置机遇和挑战并存，必须清醒认识，审慎把握。潜在对手包藏祸心的战略预置，我们既不能漠然视之，也不能全面跟进，要吸取苏联同美国搞核军备竞赛和应对"星球大战计划"的教训，不要被人牵着鼻子走。

科学预见战争威胁，做好"矛"与"盾"的合理配置、"攻"与"防"的有机结合，集中力量发展确实管用的"杀手锏"。比如"三峡"这样的庞大工程在强敌空、地、海、天、电多维一体的攻击面前防不胜防，就不能简单地铸盾御矛。但你"算计"我的"三峡"，我可以"盯紧"你的"六谷"，不妨"以'共死'求'同生'"！运用"围魏救赵"的思路，以攻击的姿态达成防御的目的。

党的十八大报告强调：要"高度关注海洋、太空、网络空间安全，积极运筹和平时期军事力量运用，不断拓展和深化军事斗争准备"。这些就是我们加强战略预置的重点。海洋是我国经济社会发展的重要"生命线"，是拓展我战略利益的重要方向；太空是当今强国竞争的"战略制高点"，在这一领域，21世纪的中国绝不能重蹈近代痛失海洋的覆辙；网络既是强敌的优势所在也是其防不胜防的

"七寸"。日常生活中的一个"小失误"，都可能引发网络上的"蝴蝶效应"。阿基米德曾经说过"给我一个支点，我就能撬动地球"。今天，"震网""火焰""网络数字大炮"等网络战技术日新月异层出不穷，一些极富攻击性的"电脑天才"也可以毫不夸张地说"给我一个接口，我就能瘫痪一个国家"。网络领域的软、硬对抗，都有很多战略预置的筹措空间。

克劳塞维茨说："战争是不确定性的王国。"战略预置可能备而无用，然则一旦战机出现，巧妙的战略预置完全可能在关键时刻"四两拨千斤"。当然，最要紧、最根本的战略预置或许应是全军上下的枕戈待旦和整个民族的忧患意识。

孙子研究　2015.2　有改动

军民融合固长城

——有感于复退士兵听令返岗

日前，东部战区空军某导弹旅举行了一场检验性机动作战防空演练。演练以导弹部队遭袭，主战岗位减员为背景，为尽快恢复战斗力，上级命令该旅迅速征召预编预备役人员补充各战位，快速展开机动作战。受命后，该旅火速动员近5年内的近百名复退士兵回营参加临战强训，考核合格后，补入原专业技术岗位与现役官兵混合编组，冒雨展开战斗课目操作，完成了兵器撤收、摩托化行军、抗击袭扰、应急排障、占领阵地、隐真示假、值班警戒等20余项实战化课目。演练结束后，经考核组综合评定，20余项参演课目全部达标，12项达到优秀。

"凡事预则立，不预则废。"近年来该导弹旅紧贴使命任务研究梳理动员需求，拟制修订动员方案，围绕战时紧急扩编的程序方法、临战强训、技能考核、协同演练等问题展开课题研究，探索完善了一整套预编预备役人员快速动员模式。显而易见，此次检验性演练，该旅之所以圆满完成任务，扎实的动员工作准备发挥了不可或缺的重要作用。

战争动员，既是一支军队恢复、保持、提高战斗力的重要途径，也是一个国家以备止战、巩固国防的重要保证。中国有这样一句老话："天下虽安，忘战必危！"可以百年无战事，不可一日无战备。战争准备，不仅是现役军人的平时工作，也是每一位公民的职责所在。

历史的经验教训反复印证：培养民众强烈的国防意识、家国情怀，是民众支援战争的精神基石，是强国兴邦的基础工程。公民国防意识强、战备工作落实到位，小国弱国也可能对强敌构成威慑，以慑止战，赢得和平。有句话说得很深刻："瑞士平民迈出左脚是公民，迈出右脚就是战士。"近年来瑞士几乎每年都以遭敌空袭为背景，组织大规模全民防空演习，战备意识已经融入每一位瑞士公民的血液。与之相反，有的大国公民国防意识滑坡，令国家安全面临严重危机。苏联解体后，俄罗斯经济一落千丈，民众失业率剧增，军队也失去了往日的荣耀。1994年，俄罗斯为维护国家统一，发动了第一次车臣战争。这场被外界普遍认为毫无悬念的战争，却拖泥带水，俄伤亡惨重仍未达成目标。最令俄罗斯震惊的是，战时竟有一群中老年妇女要死要活地非把自己当兵的儿子领回家，在媒体的摄像机镜头前，军官们束手无策。据战后统计，"士兵母亲委员会"居然从阵地上拉走了600多名士兵，对军心士气造成难以估量的打击。痛定思痛的俄罗斯不得不大力加强对国民的国防教育，通过各种途径较好地恢复了民众爱军尚武、不怕牺牲的精神面貌，第二次车臣战争及以后的俄格战争，收复克里米亚等军事行动结果迥异。

粟裕将军指出："现代战争的胜负，一般地说决定于其本国广大人民对战争从政治上与经济上、精神上与物质上的支持程度。谁能够动员其绝大多数甚至全部国民，全部精神、生命及物质来支持战争，谁就能够获得战争的胜利。"中国人民解放军从战火硝烟中一路走来，屡挫强敌的一个重要法宝就是人民群众的全力支持。现代条件下，新形势新使命要求我们，在继承传统的基础上，创新适应现代战争特点和要求的国防动员新理论、新方法。尤其要把未来战争的高技术性和人民性很好地结合起来，创造信息化时代人民战争的战略战术，寓军于民，筑牢军民融合的"隐形长城"。

中国国防报　2016.7.27　有改动

永不"褪色"的突然性

——从俄罗斯巧取克里米亚说起

近日，俄罗斯媒体报道称，一年前，美国情报部门未能发现俄军在克里米亚的大规模登陆，若干美军高级将领因此被解职。俄军事专家认为："兼并克里米亚是俄军历史上最卓越的军事行动之一，其主要目的不仅是控制这片广大区域，而且还要在不流一滴血的情况下完成任务。这超出了所有过往行动的经验以及学说和战略的范畴。"

俄克里米亚登陆之所以能够瞒天过海，在北约天星地网的严密监控下取得成功，经验至少包括三方面。首先，俄最高统帅和总参谋部准确把握了时机，大批调动军队彻底迷惑了外国情报机关。俄军定于3月在北极开展空降兵大规模训练，甚至向那里出动了空军陆战队。同时大量军用列车开往乌拉尔。直到它们抵达目的地，外国情报人员才得知列车是空的！这两场行动从战略上掩盖了俄重新部署军队的真实意图。其次，情报人员出色地完成了任务。当基辅下令开火时，俄情报人员正在乌克兰国防部起草与开火指令相矛盾的命令，并迅速将其下达给驻半岛乌军。这搞晕了乌克兰指挥官，正当他们试图弄清"开火还是不开火"时，乌军已然败退。最后，俄军高度的组织纪律性发挥了不可或缺的作用。每个俄罗斯军官和士兵都有手机，但西方情报部门并未从监听的电话中得出俄军换防和开展强力行动的结论，令北约感到不可思议。

克里米亚行动反映了近年来俄军训练、作战水平和战略思想的发展，最大限度地维护了俄罗斯国家利益，其战略智慧值得学习借鉴。

信息化时代，随着侦察、预警技术的迅猛发展，战场变得日趋"透明"。有人因而认为：现代战争中对抗强敌，达成突然性非常困难，甚至不太可能。俄军巧取克里米亚行动有力否定了这种观点。先进的信息技术虽然能帮助人们看到"山那边的事情"，却不能保证人们及时看懂对手企图。信息化时代，达成作战突然性难度明显增加，很多传统方法遇到了前所未有的挑战，有的已不再适用。但应该承认，有些传统的方法与手段，只要运用得当仍有生命力。例如俄军瞒天过海的战略佯动和军队集结期间严格执行的无线电静默都有效地迷惑了对手。更重要的是，科技发展也丰富了达成突然性的手段，尤其电子战、网络战、远程精确火力战等都可能发挥重要作用。综上所述,现代及未来战争中,突然性不会消失,如何达成和用好作战突然性,谋取更大的作战效益,是一个历久弥新的课题,需要我们结合时移势转的情况推陈出新,不断丰富、创新达成突然性的方法与手段。

中国国防报　2015.4.30　有改动

做最后的顽强者

陈赓大将曾说："谁是最后的顽强者，谁就是最后的胜利者。"英勇顽强、不怕牺牲的作风，是我军在长期的革命战争中克敌制胜的重要法宝。

战争不仅是武器装备的对抗，更是敌我双方战斗精神的较量。实践证明，一定条件下，顽强的战斗作风可以转换为巨大的战斗力、巨大的物质力量。

定陶战役攻击大杨湖之敌，我军苦战一夜，弹药耗尽，伤亡较大，面对强敌顽抗，刘伯承司令员强调"我们困难，敌人更困难；敌人顽强，我们要更顽强！"我军把机关干部、炊事员、饲养员都组织起来，用刺刀和从敌人尸体上捡来的子弹、手榴弹，发起最后一次攻击，仅用 5 分钟便迫敌缴械投降。

"勇者无惧，血性无敌。"未来战争，人仍然是主导，精神依旧是"刀刃"。有人或许会说，信息化战争中浴血厮杀、白刃格斗的情况太少，对战斗精神的要求远没有过去那样高。这种认识显然不符合实际。事实上，大规模杀伤性武器的使用，战场的全维立体性和战争进程的急剧性，都可能造成比以往更加惨烈的流血牺牲，更加严酷的斗争环境。在这样的考验面前，综合实力和作战技能固然重要，但一往无前、有我无敌的战斗精神也断不可少。

习主席指出："军队要能打仗、打胜仗，固然要靠战略战术，要靠体制机制，要靠武器装备，要靠综合国力，但没有战斗精神，光有好的作战条件，军队也是不能打胜仗的。"

顽强的战斗精神来自高于实战、严于实战的军事训练；来自对困难和复杂情况的正确面对；来自对党、祖国和人民的绝对忠诚。这种精神不独表现于战场，平时的部队建设中也要倡导弘扬耐劳忍苦、英勇顽强的精神，勇于把看准的事情义无反顾地做下去。

"扬帆起航凌云志，中流击水正当时。"革命先烈们用流血牺牲令蒙受了百年屈辱的中华民族重新屹立于世界东方。今天，面临新的威胁和挑战，每名中国军人都应矢志成为"最后的顽强者"，则我军必能成为"最后的胜利者"，为实现中华民族伟大复兴做出新的贡献。

解放军报　2015.2.5　有改动

美加快筹谋太空战的警示

——从 X-37B 神秘试验说起

10 月 17 日，美 X-37B 空天飞行器结束了历时 674 天的第三次太空之旅，在范登堡空军基地成功着陆。此次试验取得了如下重要成果：一是进一步检验了天地往返系统的精确导航、定位与自动着陆系统的稳定性、可靠性；二是验证了飞行器在轨道间自由机动飞行的能力；三是对飞行器携载的任务设备进行综合测试，X-37B 不仅可以执行侦察任务，也具有天天攻击和天地攻击能力；四是验证了长时间在轨部署能力。从 2012 年底 X-37B 第三次进入太空时起，美国军方对其飞行目的就遮遮掩掩，直至美国防部宣布其即将着陆，试验目的也只用几句话一带而过。这种讳莫如深的态度本身就值得警惕。

目前，天空领域内的各种兵器已近物理极限，空天已成为美军获得更大非对称优势的希望所在。20 世纪 60 年代，美国总统肯尼迪就曾说过"谁能控制空间，谁就能控制地球"。1991 年，美军提出《命运系于空间》的命题。美国有完备的太空战组织领导机构、理论体系、兵力编制、武器系统及太空战培训基地，有庞大的航天工业和雄厚的人才储备，其规模远超世界其他国家的总和，却仍在不遗余力地谋求制天权。

X-37B 从设计之初就是一个具有鲜明军事特征的航天项目。作为通用武器平台，X-37B 可衍生出多种作战能力，可与对地精确制导弹药结合，实施天地打击，进行定点清除；可与导弹、激光武器、高功率微波武器结合，摧毁、瘫痪、干扰他国天基系统；可与雷达、可见光、红外、多光谱、超光谱侦察设备结合，用于导弹预警、战略侦察；可装备机械手，俘虏敌国卫星；当然也可携带核武器，实施核打击。X-37B 一旦列装，将开创一种崭新的战争形式，多样化的空天垂直打击将会呈现。作为一种新质武器，它的出现，将彻底颠覆现代防空反导作战。无论俄罗斯，还是美国的防空反导系统，均基于飞行轨迹可预测的目标设计，抗击对象或是飞机、气球，或是战略、战术弹道导弹，均未考虑如此之快、如此之高、轨迹变化如此之大的高超声速空天飞机，更遑论其他国家的防空反导系统了。随着 X-37B 的三次成功试验，美国"1 小时打遍全球"的快速精确打击能力正在形成，极易刺激其推行霸权主义和强权政治的野心。

　　美国加快发展一超独霸的太空战武器装备，对世界和平构成了严重挑战，我们当然不应漠然视之。正如对付核威胁不能仅靠深挖洞一样，应对太空威胁也不能一味依赖各种隐蔽和防护工程，否则必会落入对手的战略陷阱。20 世纪五六十年代，面对超级大国的核讹诈，毛泽东果断决定勒紧裤腰带研发自己的核武器，结果获得了巨大的效益回报——笼罩头顶的核乌云顷刻烟消云散。我们的核战略对于今天应对空天威胁仍有借鉴意义。

　　我国应加快发展军用航天技术、天基武器和反卫星武器等"杀手锏"，形成有效的太空战能力。一要提高我们对天基平台的利用，包括发展太空侦察、定位、导航系统，用诸如"北斗"这样成熟的高技术，从源头上掌握敌战略动态，为我远程打击力量提供目标信息，力保我有效的反制手段能够及时对敌实施快速反击。进行这项工作还应加强国际合作，中俄展开卫星定位系统合作，"北斗"联合"格洛纳斯"就为两国战略安全合作树立起新的里程碑。二要加速发展我们天基系统的作战功能，包括对地面、海上、空中和太空目标的直接攻击能力。例如空天飞机不仅可以用于己方空间系统的维护，也可攻击敌空间站、各种卫星和传感器，以此瘫痪敌体系作战的神经中枢，使其眼瞎耳聋。有媒体报道"中国的空天飞机——神龙已经现身，未来中美可能在空天项目上展开激烈竞赛"，这样的国之利器完全可能有力挑战强敌的太空霸权。三要加强我们从地面或空中攻击敌天基系统的作战能力。2007 年，我国用导弹摧毁报废卫星实验成功，美军非常恐慌，甚至有人称"摧毁美国卫星就是打核战争"。美军能在战争中肆无忌惮地攻击民用目标，使用严重破坏生态环境的贫铀弹，甚至"误炸"别国大使馆！别人为什么不能攻击美国卫星？这种核讹诈言论毫无道理，只能暴露其对卫星系统的高度依赖和防卫体系的脆弱。所以应高度重视并积极探索各种手段，保证在必要时有能力"关闭"强敌头顶的"天灯"。

中国国防报　2014.11.5　有改动

从"黑鹰"迷航说起

据外媒报道，9 月 11 日，6 架美军"黑鹰"直升机在从拉脱维亚到米罗斯瓦维茨美军基地的航线上迷失了方向，不得已降落在波兰格鲁塔镇的一片油菜田。飞行员求助当地农民"我们这是在哪儿？"得知身处波兰后，他们打开作战地图，指着目的地问"您能告诉我们前线在哪个方向吗？"闻讯赶来的格鲁塔镇女镇长帮助了迷路的美军，并在事后友善地对媒体解释"当时雾很浓，使得那些士兵无法看清他们身在何处"。

这 6 架"黑鹰"是参与北约军演的直升机。此次军演在与乌克兰接壤的几个国家中展开，目的是向俄罗斯表明，北约及其伙伴国中任何一个国家受到侵犯，各成员国都会对其进行支援。最近举行的威尔士峰会上，北约决定在东欧建立一支快速反应部队，9 个国家约 2000 名士兵作为这支部队的"先锋"参加此次军演，这些迷路的直升机飞行员亦在其中。应该说美军飞行员素质尚可，问问路就找着北了，还没沦落到请向导带路的地步。尽管问题很快解决，山姆大叔此次露怯多少还是有点丢面子。

第二次世界大战期间，美国陆军航空队训练了约 5 万名导航员，其中绝大多数在首次执行海外部署任务前从未离开过美国。在那个没有 GPS 和空中加油机的时代，这些导航员凭借简单的仪器和过硬的技能大多将飞机安全引导至目的地，没有迷航，没有兜圈子耗尽燃料。和装备原始的前辈们相比，今天迷失在浓雾中的美军士兵或许过于依赖高科技手段而生疏了本应熟练掌握的基本技能。

现代条件下，武器装备的信息化、智能化程度越来越高，功能强大的信息化装备正在成为决胜战场的利器。但高技术武器装备绝非包打天下、无懈可击的神物，某些机制和系统并不是全天候和处处灵验的，抗干扰和抗毁性更难以保证。过于依赖高科技，彻底丢弃传统手段和技能，一旦情况突变，极可能两头落空，陷入绝境。

"神舟十号"飞船与"天宫一号"目标飞行器成功实现自动交会对接后，又进行了人工手动交会对接。既然能实现自动化处理，为何还要搞复杂的手动操作呢？这就是为了防止自动交会对接出现意外而多准备的一手。

正如原子弹并不能淘汰手榴弹一样，未来作战对抗不可能仅限于"全高"层次，而是高、中、低技术并存，十八般兵器兼用的局面。不久前，济南军区某部一场夜间实兵对抗演习中，蓝方用照明弹破坏红方夜视器材，并在短时间干扰压制红方电台，趁着红方被短暂致盲、指挥不畅的有利时机，蓝方发起猛攻，眼看就要得手，红方指挥员出人意料地吹响随身携带的小喇叭，官兵根据信号指令，有条不紊地边打边退，很快构筑起第二道防线，迟滞了对手，同时呼叫上级火力支援，转瞬即至的支援炮火，成功压制了蓝方冲击。事实证明，小喇叭、哨子、冲锋号这些简易器材，是我军近战、夜战管用的土办法。在努力加强信息化建设的同时，从最困难的基线出发，管用传统不能丢，"保底"手段不可无。不仅如此，我们还应与时俱进，结合部队任务和武器装备的实际情况，不断探索和更新传统手段，丰富"能打仗，打胜仗"的本领储备。

中国国防报　2014.11.4　有改动

将能而君不御者胜

——有感于马岛战争英军下放指挥权

1982年英阿马岛战争，出征前，英国首相撒切尔夫人与特混舰队司令伍德沃德有一次著名的谈话。

撒切尔夫人问："你还需要什么？"

伍德沃德答："权力。"

撒切尔夫人："什么权力？"

伍德沃德："对特混舰队真正的指挥权。战时内阁，包括您，都不得干涉特混舰队的作战指挥。"

撒切尔夫人思考片刻说："除了进攻阿根廷本土，我给你全权。"

4月25日，英军夺取南乔治亚岛，5月上旬，在"无恐号"突击舰上，制订了马岛两栖登陆计划和地面作战计划。

有意思的是，马岛登陆战发起前，伍德沃德和他的登陆作战司令穆尔少将之间也有一场对话。

伍德沃德问："你还需要什么？"

穆尔："权力。"

伍德沃德："什么权力？"

穆尔："对登陆作战部队真正的指挥权。"

伍德沃德立刻回答："我给予你全权。"

马岛战争，英军在明确不许进攻阿根廷本土的决策目标后，最大限度地下放战场情况临机处置权，极大地调动了各级指战员的主观能动性。仓促应战、劳师袭远的特混舰队克服气候、地形、补给等各种不利因素，赢得了最后胜利。

对下级管得太细，统得过死，必然导致各级职能界定出现混乱，执行层的自主负责精神和自我调控能力也会逐渐退化。德军作战时强调发挥各级指挥官的主动性，德里克·查尔斯王子曾对一位因机械执行命令而失败的少校发出警告："你的陛下使你成为一名少校，是因为他相信你应当懂得什么时候不遵从他的命令。"这句名言在德国军官中广为流传，机动灵活的委托式指挥因而在德军大行其道。

　　用人不疑，疑人不用。对领导来说，人才不仅仅是一个客观存在的劳动力，更应当是共同事业的能动参与者，是可以放手使用，荣辱与共的战友袍泽。对人才的任用和信任是同一事物的两个方面。用而不信，乃成就事业之大忌。南宋抗金名将岳飞曾经说过"以身许国，何事不敢为！"真正优秀的将领，既有审时度势、趋利避害的机敏睿智，更有进不求名、退不避罪的勇气担当，必要时甚至敢于在上级总的意图下，从实际出发，打违抗命令的胜仗。这种卓尔不群的品质和作为，往往难以获得广泛的理解，特别容易遭到卑鄙小人的诋毁和平庸领导的猜忌。而一旦统治者戒心丛生，处处掣肘，前方将帅只能侧身对敌时，这个国家也就气数将尽了。岳飞、袁崇焕精忠报国、力挽狂澜，最终却为昏君佞臣杀害。古今中外，此类教训几乎连绵不绝，可见以史为鉴是多么的知易行难。

　　战争是神秘的"万花筒"，时时刻刻充满着各种变数。没有原则，没有规矩就无法统一意志合力破敌；墨守成规，不知权变，甚至削足适履也必将贻误战机。捕捉电光石火般稍纵即逝的战机，既需要各级指战员高度的忠诚、智慧和勇气，也需要各级领导慧眼识才、放手用才，真正做到"将能而君不御"！

中国国防报　2014.12.10　有改动

把握好继承和创新的辩证关系

——从美军航母上的"例外"说起

报载，20世纪90年代，装有数十亿美元高科技系统的美国尼米兹级航空母舰，电脑网络几乎渗透至各个角落。但有一处例外：用来显示航母甲板上飞机起降排位与地勤保障人员配置的，并非先进的电脑模拟系统，而是仍然采取传统手段——人工用飞机模型甚至螺帽等普通工具摆放定位。航母甲板承载着战机起降及各种战斗准备任务，在相对狭小的空间组织如此庞大繁杂的工作，其危险艰难不言而喻，因此航母甲板被称为"世界上最危险的地方"。美军早就试图借助电脑，模拟甲板态势，指挥甲板动作，提高效率，但甲板上的情况太过复杂且变化太快，当时的数据录入远远赶不上情况变化。手工作业虽缺乏新意，却忙而不乱，能够满足任务需求。于是，在"电脑改变生活，网络改变世界"的信息时代，美国航母上的这一"特例"保持了十几年，直到2009年美军研发出成熟的"飞行数据管理和控制系统"，航母甲板控制台"堆沙盘"的传统才最终退出历史舞台。

美军航母甲板迟迟不用电脑系统或者说用不上电脑系统的个案，值得深思。波兰哲学家科拉科夫斯基说过"我们应该永远牢记两条真理：一条是，假如后人总是不肯推翻自己所继承的传统，那么恐怕到现在我们还生活在洞穴中；另一条是，假如只是一味地推翻，那么我们用不了多久又会重新回到洞穴中去"。战争对任何国家、任何民族都是关乎生死存亡的大事，在人类社会各种实践活动中，再难找到另一个像军事领域革故鼎新如此迅速的领域。正因为如此，军事领域的发展创新就显得十分必要和迫切。这是掌握军事斗争主动权、提高军队战斗力的基本途径。创新无疑需要突破和否定一些框架、常规或定论，但创新不是闭门造车，不是主观臆断瞎编乱造，更不是对前人成果的全盘否定，尤其那些合理的、经过实践检验的优秀成果值得继承发扬。

科学巨匠牛顿发现了万有引力定律和运动三大定律，创新不可谓不丰富。别人问他为什么能取得如此辉煌的成就，他说："如果说我看得更远一些，那是因为我站在巨人的肩膀上。"这个回答当然有谦虚的成分，但如果没有对伽利略力学和开普勒天文学的研究继承，牛顿经典力学的提出恐怕还要大费周折。

拿破仑戎马一生，留下赫赫威名。他曾认真研究过 83 场战争，而后强调"认真研究战争的历史，是揭开军事学术之谜的唯一手段"。马克思认为，拿破仑的军事思想之所以能够长久地影响后世，很大程度上得益于他善于从亚历山大、恺撒、汉尼拔等伟大统帅的战斗经验中汲取营养，并善于继承他们的伟大成果。

继承与创新相互依存，不可偏颇。脱离实际的盲目创新往往会弄巧成拙，甚而沦为"邯郸学步"。在军事活动中实现继承与创新的辩证统一，是一项总原则、总要求。没有继承，创新就会成为无源之水；没有创新，继承就会成为一潭死水。研究新情况、新问题，指导军事工作实践，对前人的思想观点、技术成果、方法手段等，不能只看到它过去的正确性和有效性，而要着眼于它在今天是否依然正确和有效。对那些当前仍然正确、有用，特别是尚不具备突破条件的，要大胆继承；而对已经过时或即将过时，并具备了突破条件的，则应断然舍弃。

有人称毛泽东凭借《三国演义》《水浒传》和《孙子兵法》导演了中国革命波澜壮阔的胜利活剧。国外评论说"如果你对毛泽东的一切都不记得，那么你只要记住，他是一切战略家中最重实效、最主张批判地接受经验的一个"。这其实就是"取其精华、去其糟粕"，辩证统一的继承和创新。

中国国防报　2014.7.29　有改动

要有打"逆风仗"的准备

不久前，沈阳军区某装甲团进行山地进攻战斗演练。进攻方进展顺利，对各种险情应对自如。导调组长灵机一动，出了个新考题：某战车中弹起火，限乘员30秒内从安全门弃车脱险。这个看似简单的情况出乎意料，车组乘员手忙脚乱，用了1分32秒才慌慌张张爬出，脱险失败。车长反思：缺乏弃车脱险训练是实战观念不强的表现。为此，该团加强困难条件下的作战准备，增加了脱险救生、伤员护送、弃车战斗等训练课目，提高了部队自救互救和战斗转换能力。

所谓"逆风仗"，其实就是在不利态势下与敌人进行的对抗。譬如舟人抢滩，顺风顺水当然容易得心应手，而逆风逆水则"一篙不当退千寻"，弄不好还会舟覆人亡。如果说伏击、追击等仗相对好打，那么坚守、突围等则困难得多。有人因此说组织一场成功的退却的难度和意义不亚于一场完美的进攻。

我军从战火硝烟中一路走来，虽然早就强调要千方百计避免在不利态势下与敌决战，但具体战斗过程中遭遇的不利态势非常多。强渡大渡河、飞夺泸定桥、跃进大别山、鏖战上甘岭……正是因为打好了这些逆风仗，我们才有效保存了自己，最终战胜了敌人。

诸葛亮曾说"欲思其利，必虑其害，欲思其成，必虑其败"。并在《将苑》中明确提出"善败者不亡"的观点。实战化训练是"和平时期最后一场训练"，训练时盲目乐观，对各种危险、困难估计不足，作战中就容易失之无备，严重时甚至一败涂地。毛主席曾说：我们历来不打无准备、无把握之仗，也不打只有准备但无把握之仗。现代战争要真正做到"有准备""有把握"，就必须立足最危险最黑暗的情况，预测敌人可能采取的一切手段，综合分析来自太空、空中、海上、地面的各种威胁，把困难想尽，在险局、困局、危局、残局中练战术、练指挥、练保障、练心理，不搞一厢情愿"红胜蓝败"的自欺欺人，才能在残酷激烈、复杂多变的战场上应对裕如。坦克车组乘员从实战需要出发，补足弃车脱险、下车战斗等科目训练就是真打实备的重要表现。举一反三，求胜防败要能正视挫折、直面失败。切实从思想和行动上做好打逆风仗的准备，做到败而不乱，败而不亡，败而不馁。有了这样的准备，才可能在未来战场的复杂环境中赢得最终胜利。

解放军报 2014.3.4 有改动

打好自己的"每一枪"

——有感于射击场上的"一枪定生死"

去年（编者注：2012年）年底国际射联颁布史上最具"颠覆性"的新规则：资格赛成绩不再带入决赛，决赛"从零开始"，采用末位淘汰制，8名选手每人先打6发（每组3发，打两组），然后根据成绩，从最后的选手开始淘汰，每隔1组淘汰一人，直到最后决出冠军。9月1日开始的全运会射击比赛，是射击项目实行新规则后进行的首次全国大赛，赛场上演了一幕幕"风云突变"。以资格赛头名进入男子10米气步枪决赛的奥运冠军谭宗亮，惜败于新规之下。谭宗亮在资格赛中取得587环的佳绩，领先排名第二的庞伟6环，领先最终夺冠的刘毅8环。若按旧规则将资格赛成绩带进决赛，只要不发挥失常，巨大的优势足以保证其夺金，但前期优势被"清零"后，最终决战他以2.7环的差距屈居亚军。惊险刺激的比赛让观众们大呼过瘾，而一枪不慎就可能被秒杀的残酷现实却令"枪手"们"步步惊心"，"如履薄冰"。

"体育是和平时期有礼仪的战争"，射击比赛的新规则与战争规则异曲同工。不论以前创造过多么惊人的辉煌，关键时刻一次失败就可能坠入万劫不复的深渊。西楚霸王项羽凭借赫赫武功，起兵八年，"所当者破，所击者服，未尝败北，遂霸有天下"。然垓下一役，却全军覆没，输个精光。前秦王苻坚礼贤下士，重用王猛，经多次战争实现了西晋灭亡以来北方最大范围的统一，可后来苻坚暗于知己，扩张无度，背离王猛遗教，轻率发起淝水之战，一败之下，强大的秦军即刻冰消瓦解，很快导致前秦灭亡。世事如棋，漫长浩瀚的战争史上，既有"一招领先，全局俱活"的经典，也不乏"一着不慎，满盘皆输"的无奈。任何一次机会都是唯一的，任何一次机会都是宝贵的，任何一次失误都可能是致命的。

与体育比赛不同，战场无亚军。以色列建国以来之所以能在强敌环伺的险恶条件下越战越强，是因为他们时刻警惕防止"万一"。他们认为自己国土纵深小，缺乏回旋余地，"只要失败一次，就会导致亡国！"时刻在以"输不起！"的忧患意识务实备战。我们要实现强国梦、强军梦，实现中华民族伟大复兴，何尝不也有很多的"输不起"？！

　　我军从硝烟中一路走来，大渡河、夹金山、腊子口，什么样的天堑也无法阻挡。帝国主义、封建主义、官僚资本主义，什么样的大山都能铲平。从1927年建军到1949年夺取全国政权，22年时间摧枯拉朽横扫一切。新中国刚成立又逢朝鲜战争，把世界上最强大的武装力量从鸭绿江边压回"三八线"，令蒙受了百年屈辱的中华民族重新屹立于世界东方。

　　先辈的胜利为我们赢得了尊严，保持这份尊严则需要我们全力以赴地争取今天的胜利。按照"能打仗、打胜仗"的标准练兵备战，我们在任何情况下都不能稍有懈怠，甚至心浮气躁、心存侥幸。继往开来的历史担当，要求每名中国军人投入地忘我地进入"角色"，尤其在具有决定意义的时空环境中，务必保持一种"势险节短"的姿态，屏息凝神，打好自己的"每一枪"。

解放军报　2013.10.8　有改动

"共生效应"助推精英团队

自然界有这样一种现象：一株植物单独生长时，往往没有生机，单调矮小，容易枯萎衰败，而众多同类植物一起生长，却能生机盎然，郁郁葱葱，挺拔茂盛。人们把植物界这种相互影响、相互促进的现象，称为"共生效应"。

事实上，"共生效应"在人类社会也广泛存在。当然，自然界的共生关系一般是原始的、初级的、自然的和被动的；而人类社会则通常是创始的、高级的、能动的和主动的。

英国的卡文笛许实验室从20世纪至今培养了大批优秀科学家，其中包括29位诺贝尔获奖者。一个实验室何以造就这么多卓越人才？一个重要原因是，这里倡导并养成了密切合作的风气，打破了"文人相轻"的怪圈，"共生效应"在此发挥重大作用。美国纽约市布朗克斯理工中学的谢尔登·格拉西奥和史蒂文·温伯格是同班同学，1979年双双荣获诺贝尔物理学奖。值得注意的是：这个班除他们外，还有多名同学在学术界做出突出贡献，成为知名专家、教授。温伯格因而深有感触地说："你想成为什么样的人，与你和谁一起上学多少有点关系。"

军事领域中的"共生效应"也不鲜见。在世界空战史中，各国的王牌飞行员往往"扎堆"于某几个甚至某一个战斗单位。第二次世界大战时，苏联空军P-39"飞蛇"战斗机大队与"施乌德"飞行中队，分别产生了20名和21名获得"苏联英雄"称号的王牌飞行员。抛开政治观点，从纯军事角度看，第二次世界大战中德国空军第52战斗机联队，也是产生世界级王牌飞行员的温床，这个联队同时出现10个世界级王牌飞行员，其中埃里希·哈特曼，击落敌机352架；格哈德·巴尔克赫内，击落敌机301架；京特·勒尔，击落敌机275架。这3名飞行员击落敌机数位居世界前三名，可谓空战史上里程碑式的人物，其战绩令其他各国的飞行员望尘莫及，另外7名飞行员击落的敌机数也都在100架以上。抗美援朝战争，志愿军空军涌现出的王海、刘玉堤、张积慧等著名战斗英雄也多集中于一两个部队。

"共生效应"不仅表现于庙堂圣殿，更可能根植于广袤大地。上甘岭战役，我15军45师以黄继光、龙世昌等英雄为代表的万余平凡而伟大的志愿军战士前仆后继、视死如归，用血肉之躯顶住了兵力在我6倍以上且拥有绝对炮、空优势之强敌的疯狂进攻，震惊中外，打疼、打服了对手；打出了军威、国威。15 军战后编撰的《抗美援朝战争战史》中说道："上甘岭战役，危急时刻拉响手雷、手榴弹、爆破筒、炸药包与敌人同归于尽，舍身炸敌地堡、堵敌枪眼等，成为普遍现象。"这个"普遍现象"正是中华民族英雄儿女，在生死抉择面前创造的感天动地"共生效应"的经典范例。

"举大事者必同谋"，"共生效应"为我们提供了多层面的启迪。对个体执行者而言，应该认识到"独行侠"难以取得伟大成就，只有在与他人的交往与交流中互相影响、互相启发、互相砥砺、优势互补，才能超越平凡，铸就辉煌。比尔·盖茨说过："有时决定你一生命运的，在于你结交什么样的朋友。"换句话说，与什么样的人交往决定了你的未来。正所谓"与善人居，如入芝兰之室，久而不闻其香，即与之化矣；与不善人居，如入鲍鱼之肆，久而不闻其臭，亦与之化矣"。所以，努力与优秀的人在一起，加入优秀的队伍，会使自己变得更优秀。

对组织领导者而言，要千方百计打造一流的精英团队。引进用好一个杰出人才，可能使四方贤才纷至沓来，进而逐渐形成一个人才群体，这是吸纳人才、挖掘人才的一条重要规律。在一个人才荟萃的群体中，应该制定科学的规章制度并实施艺术的人文关怀，营造勇于创新、乐于分享、良性竞争、互励互助的氛围，不断强化"共生效应"的正能量。一流的团队，不仅吸引人才，而且培养人才；英雄的部队，不但造就英雄，而且英雄辈出。在这样的"土壤"里，人才或英雄往往是以群体而不是以个体的形式涌现，在成就个人的同时，成就共同的事业，这就是"共生效应"的神奇魅力。

解放军报　2013.6.27　有改动

细节不可不察

按照"能打仗、打胜仗"的标准练兵备战，必须高标准、严要求，一丝不苟，任何情况下都不能心存侥幸。多想、多防几个"万一"，就可能少几个"措手不及"。只有本着高度负责的精神，立足最危险最困难的情况，科学严谨、缜密细致地预见各种不测，尽可能地以设计战争代替应对战争，追求全策全胜，才能更多地创造一些不出所料的精彩。

精确干扰：四两或可拨千斤

干扰，作为对抗的一种形式，通常是打击的前奏或辅助，历来在战争中发挥着重大作用。有效的干扰往往可以迷惑、迟滞、削弱对手，利于己方争取主动，甚至可能兵不血刃达到目的。比如"弦高犒师"在危急关头挽救了郑国；"草船借箭"帮东吴消耗对手补充自己……成功干扰的战例林林总总，但总体来说，古代由于受科技发展制约，干扰精度有限，费效比有时不够理想。信息化时代，干扰手段的科技含量不断增加，干扰精度日益提高，效能更加凸显。

心理干扰——从四面楚歌、广撒传单到"传音入密"、短信迫降

心理干扰的重点是对手的决策思维和军心士气。楚汉相争时，汉军的四面楚歌令被围垓下的霸王项羽产生了"汉皆已得楚乎，是何楚人之多也？"的疑虑和惊惧，楚军上下军心涣散乃至彻底败亡。近、现代以来，战争中广泛运用的传单、广播等宣传手段，在引导视听、瓦解对手方面发挥了重大作用。

依托高科技手段，心理干扰由面及点，日臻精准。第三次中东战争，以色列组织了一个电台群，对埃及空军的通讯频率进行专题广播。空战中的埃及飞行员从耳机里听到对自己及家人指名道姓的恫吓，心绪大乱，影响作战。其实，早在2002年美国就已研发出类似武侠小说中"传音入密"的"声波集束"技术：声源发送一束极为狭窄的声波"音柱"，只有在"音柱"正前方的人才能听到。这种高度"定向"的声音，听着近在咫尺，事实上却可能从数百米外发出。该技术可干扰敌人的判断力，型号较小的声波发送器令敌难以察觉，而幽灵般的声音甚至可能使意志坚强的战士精神错乱。据说，美军已准备将这种声音用于未来战争。

环境干扰——从石阵惑敌、以水代兵到智雷登场、人工降雨

环境干扰是指通过利用、改造作战地域的地形、气象、水文、潮汐等自然环境，创造利己弊敌的条件，直接或间接地打击敌人。相传三国时期，西蜀夷陵之败后，诸葛亮曾以乱石布阵，挡住东吴追兵。从杜甫"功盖三分国，名成八阵图"的诗句来看，石阵退敌应该不是空穴来风。一定意义上说，防御方为了抵御

入侵预先构筑的防御阵地，如长城、马奇诺防线、巴列夫防线、萨达姆防线等都可看作一种粗放的、大规模的环境干扰。1938年抗战中期，为了阻止、拦截日军追击，避免在无险可依的北方平原与敌决战，国民党军炸毁黄河花园口大堤，以水代兵，切断了日军由北向南的进攻路线，迫使日军不得不将主攻方向调整为由东向西沿长江而上。中国军队充分利用沿江山地与湖沼，与日军进行相持决战，争取到了时空优势。从战略上讲，黄河改道的确给妄图速胜的侵略者造成了难以克服的困难，但付出的代价太过惨痛。

信息化条件下，环境干扰的精度大大提高。现在的智能地雷、智能水雷，能够辨别敌我，精确攻击。美、俄两国甚至研发、装备了反直升机智能地雷，这类智能弹药的出现，不仅能出其不意地打击对手，更能让其在后续对抗中背上心理包袱，有所顾忌，提高了传统防御体系的干扰、打击精度和费效比。越南战争期间，为了阻止越南获得国际援助，美军在"胡志明小道"周围实施人工降雨，对道路造成严重破坏，使得中国援越物资运量大减。目前，人工降雨技术已经成熟，随着科技发展，人造闪电、人造龙卷风等气象武器一步步走近战场，这类对环境的精确干扰将在战争中发挥更大威力。

功能干扰——从目标迷盲、李代桃僵到移花接木、借力打力

功能干扰是指通过技术手段或综合运用技术、战术手段，使敌方系统出现功能性障碍，从而避敌之强或将强敌变弱。由于通常具有较多的技术基因，即便是早期的功能干扰，往往也比较精确。例如，为了迷盲对手，降低雷达威胁，金属箔条、角反射器等干扰物自"二战"以来一直在广泛应用。1981年以色列偷袭伊拉克核反应堆，凭借战术手段实施目标迷盲，14架战机超常规密集编队飞行，在雷达屏幕上显示的图像只是一个模糊亮点，很像一架大型商用飞机，以军顺利摧毁目标。为了防范精确攻击，通过"李代桃僵"掩护真实目标的红外诱饵弹、雷达诱饵弹和计算机网络诱骗系统（国外称"Honeynet"——蜜网）等武器装备层出不穷，不断丰富对抗双方的"干扰库"。

近年来，作战目标逐步由"歼敌有生力量"转向"体系破击，瘫体失能"。对功能干扰的重视程度越来越高。随着研究的深入，干扰精度进一步提升。伊拉克战争中，伊军使用俄罗斯生产的GPS干扰器，导致美军7枚"战斧"巡航导弹落入了土耳其和沙特境内。2003年3月21日夜，美军第507运输车队，从科威特出发，支援第3机步师。由于GPS导航仪被干扰，车队驶上错误路线，遭敌伏击，女兵林奇被俘。现在的Umbrella干扰系统不仅可以干扰

GPS 引导的武器，还可以干扰各种 GPS 定位平台，如作战车辆、预警机和无人机等。

现代战争是两个复杂系统的对抗。为了保持运行稳定有序，系统能够主动调整自身结构适应外界干扰。在平衡态附近，只要关键节点正常运转，系统就有较强的弹性抵销干扰，因而针对性不强的普通干扰往往效果有限。而当系统远离平衡态时，其适应能力就急剧下降。此时，微弱的干扰也可能打破系统稳定的阈值，引起结构性破坏，甚至陷入混沌。所以，实施精确干扰应该从精选对象和捕捉战机两方面考虑。一要选择能够一招封喉的要害目标，比如，干扰敌一颗卫星取得的战果可能超过击落上百架敌机，发给敌高级将领一条短信或许胜过随机散发一百万份传单；二要尽可能把握敌作战体系远离平衡态的时机，如敌我识别、空中加油、海上补给、休整换防……一切敌作战力量处于"波谷"的时段，都是精确干扰的可能战机。精确干扰已经成为非对称作战四两拨千斤的一种重要手段，对这个问题应该引起高度重视。

解放军报　2012.5.31　有改动

十分把握问"万一"

我国进行核弹头小型化试验前，有关专家向周总理汇报情况。在汇报投弹路线时，总理提出"氢弹投不掉怎么办？"专家肯定地回答"不会投不掉。我们铺设了正常、应急、超应急三条投弹路线，并在推脱装置上安装了两颗燃爆弹，完全有把握投下氢弹。"总理仍不罢休，继续追问"万一投不掉怎么办？"专家凝重思考后，提出了两套万一投不掉的特别处置方案，周总理满意地笑了。孰料，投弹那天，总理说的"万一"当真发生了。指挥员只好按特别处置预案命令飞行员使用锁死装置，将氢弹牢牢固定，带弹返航。专家组经过4天4夜的紧张工作，终于查明事故原因。原来，安装燃爆弹时，操作员出于好意，把弹架上一个关键的小螺钉多拧了四分之一圈，造成电阻过大，导致氢弹投放失败。原因找出后，爆炸试验很快顺利完成。

墨菲定律告诉我们："有可能造成差错，必将造成。"辩证地看，对墨菲定律的认识有两种：懦夫把它当借口——差错难免，无力回天；而强者却以之作警钟——时刻警惕，杜绝后患。周总理和我们一样无法预料一个小螺钉可能被多拧一点，甚至因此影响投弹。但他却能从最困难处着想，提醒专家不可忽视"万一"，并切实做好预防措施，才防患于未然，确保了底线安全。

"兵者，国之大事也。"军事斗争的残酷激烈决定了这一领域容不得半点一厢情愿、盲目乐观和疏忽麻痹。赤壁之战前，曹操扫平袁绍，迫降刘琮，击败刘备，连战皆捷、所向披靡。在他看来收服江东就如一场"会猎"，仗还没打就开始琢磨"二乔"的安置，严重误判了孙刘联军的实力和抵抗决心。尤其致命的失误是：过于托大，只想到冬季刮西北风的一般气象规律，轻率排除了对手的火攻威胁，将战船连在一起，完全没有考虑万一风向有变怎么办，结果一把大火烧出数十年的天下三分。第四次中东战争初期，埃军强渡苏伊士运河、突破巴列夫防线、重创以色列装甲部队和空军，取得了举世瞩目的辉煌战果。认为胜券在握的埃军沉浸于自我陶醉，既未乘胜发展进攻，更没想到如何应对"万一"。以军敌进我进，从埃军接合部穿插迂回，反击得手。战局急转直下，埃军功亏一篑，彻底葬送了初战完胜的大好形势。

"善战者，先为不可胜，以待敌之可胜。不可胜在己，可胜在敌。"善于用兵的人，要先立于不败，尔后才寻机破敌。十分把握问"万一"，就是立于不败的重要保证。

在兵争机、战争胜的战场上，不敢冒险、不善出奇可能是最大的冒险，犹豫不决、谨慎过头很容易错失战机，痛失好局；但是，按照"能打仗、打胜仗"的标准练兵备战，必须高标准、严要求，一丝不苟，任何情况下都不能心存侥幸。这是一个事物的两个方面。多想、多问几个"万一"，多几手准备，就可能少几个"措手不及"。只有本着高度负责的精神，立足最危险最困难的情况，科学严谨、缜密细致地预见各种不测，尽可能地以设计战争代替解析和应对战争，追求全策全胜，才能更多地创造一些不出所料、"少出所料"的精彩。

半个世纪过去了，面对专家言之凿凿的保证，周总理那"万一投不掉怎么办？"的质疑追问，至今令人感怀钦佩，发人深思。

解放军报   2013.4.18   有改动

细察军情善夺战机者赢

——有感于刘邓大军徒涉淮河

1947 年 8 月 7 日，刘邓大军开始千里跃进大别山，经过艰苦跋涉，8 月 25 日抵达淮河北岸。国民党统帅部判明我军意图后，各路部队利用铁路、公路穷追不舍。刘邓大军到淮河边时，追兵与我相距仅一两天路程。抢渡淮河，成为决定刘邓大军生死存亡的关键。

淮河宽数百米，没有现成的桥梁。先头部队只找到十余条小船，尽管连夜摆渡，进度仍很慢。刘伯承问先头部队的旅长、政委："河水真的不能徒涉吗？到处都一样，都不能徒涉吗？"得到肯定答复后，他又问，"你们实地侦察过没有？有没有多找几个老乡问问？老乡怎么说？"旅政委解释说先头团已经侦察了，情况就是那样。刘伯承决定亲自去考察一下。

天将破晓，刘伯承拿着一根竹竿上船，亲自测量河水深度。过了一会，刘伯承派人送来纸条"河水不深，流速甚缓，告诉李（达）参谋长可以架桥"。北岸顿时活跃起来，工兵们开始忙着架桥。天色渐亮，刘伯承又派人送来一封信"我亲眼看见上游有人牵马过河，证明完全可以徒涉。转告李参谋长，不要架桥了，全军立即徒涉"。李达迅速下达命令，一个白天，全军几万人马浩浩荡荡地徒涉淮河。

次日，国民党大军赶到淮河北岸。上游降雨导致淮河水位突然暴涨，滚滚激流无法架桥。国民党军没有足够的船只，只好眼睁睁地看着我军南下大别山，有人望淮兴叹："共军神助，党国气数将尽也！"大别山位于国民党首府南京和战略重镇武汉之间，扼危襟要，我军据而有之，实现了刘帅依托"三山"（泰山、大别山、伏牛山），控制"四河"（长江、淮河、黄河、汉水），逐鹿中原的设想，揭开了解放战争战略反攻的序幕。

细节决定成败，辽沈战役中国民党西进兵团的覆灭，则与刘邓大军徒涉淮河形成鲜明对照。1948 年 10 月，我东北野战军夺占锦州全歼守敌，随即筹划围歼前来增援的廖耀湘西进兵团。廖耀湘察觉情况不妙，急令大军转道营口，企图从海上撤回关内。岂料，廖耀湘的先头部队 49 军刚踏上南下之路，便突遭猛烈的重炮轰击，前卫团甚至还没分清敌我就被击溃。当时我军装备落后，不仅师没有重炮，大多数纵队重炮都不多。隆隆的炮声迷惑了国民党军，廖耀湘判断拥有如此强大的火力，必是东北野战军主力无疑，认为南下营口之路已被堵死，遂令部队改变方向，回缩沈阳大本营。其实，这时候营口的"口袋"并没扎紧，攻击敌人的是我临时得到一个重炮连加强的独立二师，力量对比悬殊，独立二师本来不可能挡住敌人，但重炮火力吓晕了敌人，而其退往沈阳的必经之路已被我6纵彻底切断。廖部进退失据，贻误战机，士气大挫。我军完成战役合围，全歼西进兵团。

残酷的战争现实没有"如果"，但却有很多"但是"。历史总是耐人咀嚼。刘邓大军抢渡淮河的机缘巧合极为罕见，甚至连今天的水文专家也难以预测，但没有刘帅亲临一线的细心侦察，这个偶然机遇必定把握不住。廖耀湘出身黄埔又曾留学法国圣西尔军校，作为国民党军"五大主力"之一的指挥官，抗战中多次率部痛击日寇，堪称抗日名将，而辽沈战役中，在决定西进兵团进退的关键时刻，廖耀湘虽不乏常识，但却疏于进一步核实查证，仅凭对手短时间的火力强度就作出错误判断，导致西进兵团包括新1军、新6军两大王牌在内的10余万精锐全军覆没，廖本人也当了俘虏。可见战争中的成败荣辱，有时仅仅一步之遥。经典战史偶然性的背后，往往隐藏着执着的必然。

信息化条件下，尽管作战节奏空前加快，周密细致的侦察，仍然是正确定下决心，巧妙捕捉战机夺取胜利的重要保证。美军通过多年的情报工作，一丝不苟，环环相扣，彻底掌握了本·拉登的行踪，终于隐蔽奇袭，一举将其击毙。相反，法军特种部队在营救被索马里反政府武装青年党绑架的人质过程中，情况不明，准备不周，仓促出击，败得非常狼狈。

我军徒涉淮河后，刘帅曾严肃批评教育先头部队指挥员"粗枝大叶就要害死人！越是紧要关头，领导干部越要亲自动手实地侦察！"今天的情况或许不允许指挥员处处事必躬亲，但关键时刻指挥员舍我其谁的负责精神同样不可或缺。机遇永远只钟情于有准备的头脑。在战争舞台上投入地进入"角色"，尤其在具有决定意义的时空环境，保持一种"势险节短"的姿态，才能独具慧眼，能动地把握稍纵即逝的战机。

洞察秋毫把握战机者胜，古今皆然。

中国国防报　2014.6.25　有改动

从"两颗炸弹落入同一弹坑"说开去

报载，阿富汗战争中，美军发现塔利班武装惯于抢占弹坑作为隐蔽和射击位置，于是利用对手这一思维定式，通过激光瞄准仪准确标定、引导战机投弹到同一弹坑，大大提高了杀伤率。

练过射击的人知道，由于子弹形状、质量、装药量等细微差别及温度、风向、风速等变化，打靶时，两颗子弹穿过同一弹孔的概率极小，甚至可以认为不会发生。同理，两颗普通炮弹或炸弹落进同一弹坑的巧合，从概率上讲也不可能。因此不论攻防，仓促条件下利用弹坑做临时掩体，从第二次世界大战就开始广泛运用。但随着科技进步，特别是精确制导技术的出现，情况早已发生了变化。

1972年，美国将刚研制成功的激光制导炸弹投入越南战场，仅出动战机12架次，投弹十余枚就炸毁了先前曾出动600余架次，投弹数千吨，被击落18架飞机而未能炸毁的清化大桥，引起了举世瞩目。此后，精确制导技术迅猛发展。1981年"巴比伦行动"中，以色列14架战机远程奔袭伊拉克核反应堆，6架F-15提供空中掩护，8架F-16从约600米高度发起突击，第一架F-16在核反应堆主建筑厚达数米的混凝土屋顶炸开一个洞，其余7架鱼贯跟进，依次将炸弹投入洞中，不到2分钟就彻底摧毁伊拉克投资5亿美元，花费5年时间修建的核反应堆。这场空袭的精度已经从技术上颠覆了"弹坑相对安全"的传统观念。

恩格斯在《反杜林论》中说："一旦技术的进步可以用于军事目的，并且已经用于军事目的，它们便立刻几乎强制地、而且往往是违反指挥官的意志而引起作战方式的改变甚至变革。"越南战争，美军使用精确制导武器仅占全部投掷弹药的0.2%，却炸毁了约80%的目标，尝到甜头的美军开始不断加强对精确制导武器的研发运用。海湾战争中，美军使用精确制导炸弹比例为9%，科索沃战争为38%，阿富汗战争时已达60%，凭借信息优势和高技术武器装备，美军灵活运用各种战法对塔利班和基地组织进行空中打击，用精确制导炸弹摧毁了约90%的目标，美国前国防部部长拉姆斯菲尔德因此把阿富汗战争称为"人类历史上最精确的战争"。分析越战之后美国参与的局部战争不难发现，不论在格林纳达、索马里，还是海湾战争、科索沃战争、伊拉克战争、利比亚战争，美军都没有长时间陷入地面苦战。过去没有太多地关注弹坑，不是因为打不准，更多的是认为不需要，一旦感觉到弹坑可能成为敌人的掩体，美军可用招之即来的精确火力实施打击。这已经清楚地提示人们：所谓"两颗炸弹不可能落入同一弹坑"的思维定式，实在不能继续"墨守"了！

思维定式又称"习惯性思维"，是人们在原有知识、经验、情绪甚至刚刚产生的感觉影响下，重新感知和评价当前事物的一种特殊的心理准备状态。这种心理准备普遍存在，几乎是人的一种本能。情况不变或没发生质变时，"定式"能帮助人们迅速运用已掌握的知识分析问题，由此及彼，举一反三；而当情况变化时，"定式"则会束缚人的创造性思维，妨碍人们运用新方法解决新问题。

东方兵学源远流长，利用对手的思维定式，反其道而行之，我们曾取得过许多辉煌胜利，如孙膑减灶诱敌冒进，虞诩增灶吓退羌兵，刘帅七亘村重叠设伏等都是这方面的经典战例。然而应该承认，虽然我们比较善于运用逆向或发散思维破除常规，但缺乏技术自觉，重谋轻器的先天不足，也严重迟滞了我们的技术创新和运用，甚至时常将思维观念囿于定式之中。八旗劲旅入主中原后，抱着"弓马定天下"的祖训，闭关锁国，结果令璀璨的华夏文明蒙受了百年屈辱。信息化时代，科技发展日新月异，正在大量、快速地否定着传统观念中的"不可能"。在充满诡诈的战场上，对新技术的发展运用缺乏敏感，不善打破传统思维定式，极易失之无备，出乎意料地遭受惨重损失。塔利班武装在弹坑里吃亏的教训，对我们也不乏警示意义。

解放军报　2012.10.11　有改动

谨防高科技"以目废心"

——从医疗界误诊率居高不下说起

有资料显示，当前医疗界存在一种现象，检查诊断设备越来越先进，但误诊率的下降并不明显，有时甚至不降反升。原因是有些医务工作者迷信和过于依赖先进仪器，丢掉了传统望、闻、问、切等"用心"的诊断，致使某些疑难杂症的误诊率居高不下。

高科技"以目废心"的情况，在军事领域也不乏印证。

伊拉克战争中的一次城市作战，美侦察卫星清楚地发现城中民众蜂拥出逃，美军想当然地以为是当地居民在躲避战火，于是不加甄别任其逃离。待美地面部队摩拳擦掌地攻下一座几乎不设防的空城后，才恍然悟出此前出逃的"民众"中必定混有大量换上便装的伊军官兵。美军虽占领了城市，但未达成歼敌目的，战果大打折扣，也给日后的占领控制埋下隐患。

对情报作出正确判断是实施战争指导的第一个环节。然而，正如哲学上讲的，现象比本质更加丰富多彩一样，战争中的"示形"，远比对抗双方的实际企图更加奇妙莫测。高科技侦察手段虽然能帮助人们看到"山那边的事"，却不能保证人们看懂对手的内心。无论是美军轻易放走伪装之敌，还是北约被俄罗斯的佯动欺骗误导（前面章节有介绍），这些"以目废心"的深刻教训，显然都不宜归咎于装备性能，更多应该从"人"的层面去总结反思。充分发挥"人"的主观能动性，往往可以在很大程度上弥补"器"的局限，作出正确的分析判断。

1962年，美国空军情报部在例行性照片判读时，发现古巴圣克里斯托瓦尔地区的兵营附近，出现一个刚修好的足球场，这引起了判读员维克多上尉的注意。古巴人不喜欢踢足球，而与古巴关系友好的苏联人非常喜欢这项运动，古巴军营中为何会出现苏联人喜欢的足球场？带着疑问，维克多反复研究、仔细判读相关照片，终于在球场周边找到了经过严密伪装的导弹发射架。古巴没有导弹，这应该是苏联的。维克多根据对苏联战略的认识及当时苏联的各种动向，判断苏联此举很可能是想把古巴变成直接威胁美国的近距离打击基地。经过进一步调查，维克多上尉这一系列推断被证明是正确的，由此引发了震惊世界的古巴导弹危机，美国政府摆出不惜大战的强硬姿态，最终迫使苏联将导弹撤回。

维克多上尉在侦察手段比较落后的情况下，从一个平常的足球场察觉异常，关联民族习性、国际形势等展开联想，由细微处的蛛丝马迹顺藤摸瓜，最终用"心""读"出对手蓄意隐蔽的真实意图，靠的是强烈的事业心、责任感、丰富的知识储备和敏锐的洞察力。决定战争胜负的是人不是物，再先进的技术装备，没有高素质的使用者，最多只能是盲人手中的"探路棍"，而永远成不了孙悟空手中的"金箍棒"。不论何种样式的战争，总是有征兆可循，有端倪可察的。列宁指出"假象的东西是本质的一个规定、本质的一个方面、本质的一个环节"。孙子兵法"相敌"三十二例，就是透过假象窥破本质的经验总结。所以，假象也可能成为我们探究本质的一把钥匙。料敌成败的关键，不仅仅在于是否拥有"看得见"的"目"，而更多取决于是否拥有高度警惕、孜孜以求、秉烛洞幽的"看得懂"的"心"。

解放军报　2017.6.22　有改动

从"沸水结冰"说起

　　美国麻省理工学院新生的第一节物理课，校长莱夫教授提出一个问题："如何让水沸腾到结冰？"学生们纷纷摇头，认为不可能。教授示意助手搬来一台罩着透明玻璃的器械舱，用烧杯接了杯自来水，放入器械舱，接着让助手在器械舱上做了些设置。不一会，烧杯中的水沸腾了。在助手的操作下，水保持着沸腾。但随后的一幕惊呆了所有学生：烧杯里翻滚着的水竟然不动了——结冰了！

　　台下一片哗然。莱夫教授解释："水的沸点取决于温度和气压两个方面，在标准大气压下，水的沸点才是100℃，但通常人们只想到温度而忽略气压。这是一台压力舱，把水放入压力舱，用抽气泵降低气压，水的沸点就会随之降低。我们看到水在沸腾，然而它的温度却很低。继续降低气压，水会继续沸腾，而温度已降到冰点以下。当压力舱恢复到标准大气压时，沸水结冰就很正常了。"面对恍然大悟的学生，莱夫教授继续说道，"抛开传统教条是物理研究必备的素质之一。永远记住，一切皆有可能。"

　　"沸水结冰"的关键在于改变外部环境，这对指导我们创造条件打胜仗不无重要启示。战争是综合实力的比拼，强胜弱败是战争的一般规律，以劣胜优、以弱胜强从来都是一项艰难的创造性活动。尽管不容易，但不是不可能。

　　"善战者，致人而不致于人。"在核心作战能力，比如装备技术水平等落后强敌且一时难以提高的情况下，决不能按对手设计的"游戏规则"，在其擅长的领域，与之做狭路相逢之争。

　　习主席指出，军事领域是竞争和对抗最为激烈的领域，也是最具创新活力、最需创新精神的领域。军事创新需要脑洞大开甚至逆向思维。此路不通，则另辟蹊径，要大胆破除守常思维、惯性思维。反常用兵、反常用器等都是逆向思维的实践运用。有时，要从已有的因果关系中，变因为果、由果溯因地去发现新现象、新规律；有时，要根据事物某一状态的对立面来认识事物，或从原有事物功能相反的方向寻求解决问题的新办法；有时，要跳出经验和常识的桎梏，反其道而行之。换个思路，尝试一下反向的可能，或许更能简捷地达到正向的效果。"入口"被封闭，不妨考虑一下"出口"，"入口""出口"不过是个标志，只要畅通都可能为我所用。我军革命战争年代创造的地雷战、地道战、麻雀战、坑道战等都是军事创新的经典。

当然，我们在灵活运用外部条件的同时，也应加强核心能力建设。

解放军报　2017.2.24　有改动

在"临界值"上探寻战斗力增长点

据报载，近日在浙东某地的一场演练中，东海舰队某团一架无人机飞出极限距离，成功"歼敌"，极大鼓舞了官兵们的练兵热情。任务中，该无人机开启搜索模式，抵近目标侦察。指挥员忽然从屏幕上发现：无人机与地面控制站间的遥控链路被一座大山拦住。如果继续前进，信号被遮挡可能造成飞行不稳，甚至失控。更严重的是，此时飞行距离已逼近说明书上的参数极限！立即返航可以保证装备安全但任务必然失败；继续侦察可能完成任务但存在较大风险。向前还是回撤？紧急关头，指挥员思忖片刻，果断定下决心：任务至上，继续抵近！距离越来越远，风险越来越大。终于，无人机传回一串信息——正是目标信号源的频率、周期、脉宽等参数。有了精确的数据支持，火力打击部队迅速将"敌"目标尽数摧毁。此时，无人机飞行距离已超出了极限参数。

战争胜负的成败荣辱，有时仅仅一步之遥。不论装备性能还是人的潜能，真正的极限往往很难严格界定。同一件装备，在不同天气和地形条件下，性能指标存在差异；同一名战士，在不同的生理和心理状态下，实力发挥也会波动起伏。战争从来都是双方竭尽全力甚至你死我活的血腥对抗，战胜对手需要超凡的睿智勇气和坚韧顽强。囿于资料参数的限制，创新思维易被束缚，战斗精神更易遭弱化。有些紧要关头，克敌制胜必须挑战极限，突破极限。战争史上很多彪炳千秋的辉煌胜利，都是指战员们大胆探索、敢于坚持、勇于突破创造出的人间奇迹。

"二战"初期，美国遭日本偷袭损失惨重，节节失利。为鼓舞军民斗志，必须尽快反击。当时美国陆军航空队的轰炸机航程不够，海军舰载机作战半径更小，航母不能在没有制海权的情况下逼近日本。一位美军参谋大胆设想：用航母搭载陆军轰炸机实施空袭。美军为此改造 B-25，加装副油箱使载油量增大一倍，拆除一切不必要的设备减轻重量，并对机组人员进行严格训练……经过一系列努力，B-25 的航程和短距离起飞极限被不断改写。"珍珠港事件"后 5 个月，美军16 架 B-25 从航母起飞"光顾"东京。这场空袭令日本匪夷所思，"举国上下极为惊恐"，美国军民的颓丧情绪则为之一扫而光。

以色列建国以来之所以能在强敌环伺的险恶条件下越战越强，与整个犹太民族文化本质中对卓越、成功、冒险的渴望及全军上下锐意进取、突破创新的精神密不可分。第三次中东战争，为了突袭距离最远的埃及机场，以色列空军创造出关闭双引擎轰炸机的一台发动机以节省燃料的飞行方法，突破"秃鹰"轰炸机的航程极限，实现了对目标的奇袭。1981年为了摧毁伊拉克核反应堆，以色列空军使用刚从美国引进的F-16战机，并大胆打破美军装备使用说明规定，载弹的同时冒险为战机加挂副油箱，堪称经典的"巴比伦行动"一举打破了萨达姆的拥核梦。

辩证法告诉我们，一方面理论数据应是一般情况下留有余地、保障安全的"红线"；另一方面，特殊情况下，应该为冒险一搏变被动为主动留出"超越极限，柳暗花明"的机会。破釜沉舟，背水列阵，舍身堵枪眼、炸碉堡等，无不是这种精神的光辉典范。军队是国家安全的屏障，战争从来是用血与火对军队进而对国家做出的严格检验。当前，新装备列装速度越来越快，装备说明书上的极限值固然是经过大量试验得出的，但毕竟与实战还有距离，这便给更多"勇敢的头脑"预留了刷新空间。实践证明：武器装备技战术的"临界值"不是战斗力的"空白点"，而应成为新的"增长点"。打破头脑中的思维禁锢，敢于向各种有形或无形的固有规则和观念挑战，官兵手中武器装备的潜力才能得到最大限度发挥，部队战斗力才能得到最大限度提升。

中国国防报　2016.12.8　有改动

若无新变　不能代雄

——他山之石的一点联想

20世纪初，"汽车大王"福特在底特律创建了汽车厂，逐步发展为全美乃至全球汽车工业中心。可随着日本、韩国等新兴汽车大国崛起，美国制造业国际竞争力减弱。产业和经济萎缩，企业、居民外迁，导致投资和人居环境恶化。目前，底特律人口仅70万左右，而退休人员数量竟为在职人员的2倍，生产力不足、财政包袱沉重、税源枯竭，积重难返，2013年7月18日，负债超过180亿美元的底特律申请破产。冰冻三尺，非一日之寒。"汽车之城"底特律的沦落发生在美制造业竞争力下滑和金融危机的大背景下，有"物壮则老"的必然。但管理者缺乏长远战略眼光，不能正确应对挑战，完成产业结构调整，亦难辞其咎。

同为美国老牌工业城市的匹兹堡素有"钢都"之称。"二战"期间，军事需求的强烈刺激，使其成为全美经济最繁荣的城市之一。然而20世纪70年代末，支撑匹兹堡经济的钢铁工业出现滑坡。遭受重创的匹兹堡没有一蹶不振，而是果断加入了美国后工业时代最有希望的改革实验。在医药、自动化和软件工程等领域，积极催发高新技术产业。短短几年，不但为钢铁和制造业下岗者提供了11.5万个就业机会，赢得了"生物谷"的美誉，而且找到了"绿色经济"增长点。今天的匹兹堡已从昔日的"烟城"转型为美国"最宜居城市"。

"若无新变，不能代雄！"再美丽的彩虹也不可能永驻苍穹。生活本身是一个新陈代谢、生生不息的过程。沉醉于曾经的辉煌，贪享面前的安逸，缺乏忧患意识、创新精神，则优势发展到巅峰后很容易走向反面。城市发展也好，军队建设也罢，概莫能外。

八旗劲旅入主中原后，无视工业革命在世界范围内的蓬勃发展，抱着"弓马定天下"的祖训，闭关锁国。鸦片战争中，清军以长矛弓箭迎战西方列强的坚船利炮，令璀璨的华夏文明蒙受了百年屈辱。拿破仑战争时代，法军积极进攻，所向披靡。到了"一战"初期法军仍崇尚密集队形冲锋，结果在德军机枪、堑壕、铁丝网构成的防御体系面前损失惨重，"一战"后期法军转变思路，凭借阵地防御，挡住德军攻势，赢得了战争。胜利后法军高层漠视机械化时代坦克、飞机广泛运用引发的军事变革，转而信奉防御万能，结果"二战"初期，法国耗巨资构筑的马奇诺防线非但未能御敌于国门之外，甚至连迟滞对手的作用都没能发挥。

信息化社会，科技创新的速度空前提高，作战理论创新的周期也大为缩短。海湾战争前，美军的空地一体战理论占据了十年的主导地位，而海湾战争后，美军的非接触作战、快速决定性作战、基于效果作战、行动中心战、网络中心战、混合战争、跨域联合作战等一系列新理论层出不穷，更替非常快。其军事理论创新的数量之多，覆盖面之全，内容之丰富，都是史无前例的。美《国防部转型计划指南》明确指出："我们正在营造一种可持续转型的文化，保证美军总是比任何潜在对手超前几步"。纵观美军作战理论乃至作战条令、武器装备、作战模拟的特点，永不自满、力求创新的前瞻性思维特征和文化品格可以说贯穿始终。层出不穷的新概念、新观点、新目标、新探索引领了新军事变革，指导了新的战争实践，在世界范围内产生了深远影响。从某种意义上说，今天的美军已将战争实践作为军事理论创新的延伸，将战场作为军事理论创新的实验场，越来越多地用解析和设计战争取代以往的应对战争。

变化的最佳时机在主动求变时，而不是不得不变时。人们从历史中脱胎，从传统中走来。"传统巨大张力的背后是一种历史的惯性力，这种惯性力最容易沉淀在人的观念上。""最先朝气蓬勃地投入新生活的人，他们的命运是令人羡慕的"这句话当然也可以理解为：缺乏创新精神，不能朝气蓬勃地投入新生活的人，他们的命运往往令人扼腕。所以，"能打仗、打胜仗"要求我们必须拥有深邃的目光、睿智的头脑和果决的魄力，抓住变革的机遇，不为变革过程中的困难和阻力动摇，不断把发展的希冀投向未知的领域，在最得意的时日突破自己，在最倾心的地方超越自己，在无穷的变化中求得复兴和再塑。

底特律和匹兹堡的不同命运，对我们的军事发展战略不无借鉴，对于我们广大指战员"仗怎么打，兵就怎么练"同样不无借鉴。

中国国防报　2013.8.12　有改动

由“烫伤试验”看心理暗示

20 世纪中叶，美国某医学实验室声称为了探索烫伤、烧伤的治疗，需征募一批志愿者参加试验。医务人员事先声明：该试验只是用一枚烧红的硬币在志愿者的手臂上烫一下，但烫伤会比较痛苦，并且可能留下终身可见的疤痕。因为酬金优厚，还是有很多人参加。试验时，志愿者在门外排起长队，依次进入。护士帮志愿者卷起衣袖压住手臂，医生用手术钳从烤炉里取出一枚烧得通红的硬币，迅速有力地在志愿者手臂上一按，接着便拿开。透过玻璃门，后面的人可以清楚地看见前面人的试验过程，间或还能听到一两声惨叫。试验完成了，所有志愿者的手臂皮肤无一例外地呈现出一块明显的硬币大小的烫伤创面。令人震惊的是：试验使用的“烧红”的硬币仅仅是精心染红的，丝毫没有加热。

这个“烫伤试验”有力地证明了心理暗示的强大力量。“心理暗示”是指通过一种含蓄的方式，对他人或自己的认知、情感、意志以及行为产生影响的心理活动过程。世界上没有对暗示完全“免疫”的人，只是不同的人在不同的状态下对暗示的敏感度有差异。日常生活中，商家借助广播、电视等媒体通过广告这种最常见的心理暗示诱导人们购物牟利；激烈对抗的战场上，环境的恶劣和斗争的残酷使得交战双方都经常处在紧张、疲倦、焦虑等不良状态中，这时的心理暗示往往能够影响战士的意志，决定战士的生死，甚至左右战争的胜败。

楚汉相争时，汉军的四面楚歌令被围垓下的霸王项羽产生了“汉皆已得楚乎，是何楚人之多也？”的疑虑和惊惧；抗美援朝的战场上，黄昏时分一场惨烈的战斗之后，志愿军阵地上仅存的一名司号员在敌人逼近阵地时，吹响了高昂、激越的冲锋号，损失惨重的敌人被吓得仓皇撤退。进入信息化时代，孙子兵法中“攻心为上”“不战而屈人之兵”的理念得到了世界军事学家的推崇，加入了大量高科技成分的心理暗示在战争舞台上更加活跃。驻扎在索马里的美军曾将电脑合成及影像投射技术运用于心理战试验，在沙尘暴侵袭索马里时，趁着风卷狂沙，天昏地暗，在沙雾弥漫的空中投影出一幅 150 米 × 150 米的耶稣头像，同时播放伴音：“放下武器，回到真主那里去吧！”逼真的声像效果极大地震撼了现场的士兵。事后一名士兵说：“我虽然不是最虔诚的教徒，但当我看到神像出现在空中时，大脑一片空白，既不能说话，也不能思维，不由自主地跪了下来，并且泪流满面。"海湾战争中，美军的两架战斗机先在伊拉克军队防线的阵地上空，用尾气"画"出一幅巨大的伊拉克国旗，当伊军惊叹欢呼时，画了国旗的飞机又折回，用浓浓的白烟在国旗上毫不留情地打了一个贯通上下的大叉，伊军官兵大惊失色，十分沮丧。

事实证明：积极的心理暗示可以最大限度激发人的潜能，创造出正常情况下人无法实现的奇迹；而消极的心理暗示则可能使人心灰意冷，甚至丧失抵抗意志。给传统的心理暗示插上高科技翅膀在西方军事强国得到了广泛运用。其实施的范围越来越宽，超越了军事斗争领域，延伸到政治、经济、文化、科技乃至宗教等领域；实施的空间愈来愈广，突破了前方与后方、前沿与纵深、战区与非战区、平时与战时乃至国与国的界限；技术装备愈来愈先进，除了采用电台、广播、电视等常见的传媒手段外，还发展到虚拟现实技术、激光技术、隐形技术等多种高新技术综合运用的境地。在这方面我们已经落后了许多，要想赢得现代化战争，必须对高技术渗透的领域进行深入广泛的研究，加强心理暗示与高技术的结合也应该引起我们足够的重视。

中国国防报　2011.7.4　有改动

信息化战场仍不排斥"战术停顿"

进攻作战，攻击方连续突击后，往往会面临官兵疲劳，减员较多，弹药告罄，食品、饮水、油料不继等困难。此时攻击锋锐已挫，不断拉长的交通线很难百无一疏，倘在地形、天候特别是敌情不明的情况下继续发展进攻，则未必能取得更大战果，其而遭受颠覆性损失。

苏联卫国战争后期，苏军反攻部队逼近柏林时，出现了后续脱节、保障困难的情况。朱可夫问他的坦克集团军司令卡图科夫："如果你是古德里安，掌握着23个师，包括7个坦克和摩托化师，朱可夫现在攻打柏林，后续部队还在150千米外的波美拉尼亚，你会怎样行动？"卡图科夫回答："那我就用坦克部队从北面进攻，切断苏军攻击部队。"朱可夫肯定了卡图科夫的判断，认为这是对手唯一的机会，于是命令部队暂停攻击，并急调第一坦克集团军北上，果然粉碎了德军威胁极大的翼侧反击。苏军这一果断的"战术停顿"化解了危机，保障了柏林战役的顺利进行。

冷兵器和机械化战争时代，作战节奏相对较慢，"战术停顿"运用比较频繁。信息化条件下，作战节奏空前加快，美国前国防部部长科恩指出：以往"大吃小"的战争制胜规律已经转变为"快吃慢"。伊拉克战争，在"快速决定性作战"思想指导下，美英联军的主要军事行动只进行了20余天就推翻了萨达姆政权。尽管强调速决制胜，美军在这场战争中的地面行动仍实施了长达5天的"战术停顿"。

伊战初期，美地面部队在空军掩护下快速突进，第3机步师头3天便推进了350余千米，并继续发展进攻。虽然作战进展顺利，保障困难却已现端倪，由于进攻命令提前了24小时，第3机步师的很多部队出发时未能带足补给，更严重的是伊拉克吸取海湾战争的教训，其狂热勇猛的准军事部队不断袭扰美军交通线。随着美军作战部队向伊纵深的推进，补给越来越艰难。3月25日，沙尘暴来袭，能见度大大降低，威胁进一步增大。美第5军军长华莱士中将意识到：必须在前方建立足够的后勤保障基地才能支援部队向巴格达发动攻击。此后5天，第5军停止前进，就地休整，加强后勤保障恢复战斗力，同时派出第101空中突击师和第82空降师接防第3机步师并巩固交通线。3月31日起，备足了各种补给的第 3 机步师恢复进攻，8 天时间即攻入巴格达，创造了人类战争史上的机动速度之最。显然，没有前面适时的"战术停顿"，就不会有后面精彩的"世纪狂奔"。

孙子说："善战者，先为不可胜，以待敌之可胜。不可胜在己，可胜在敌。"善于用兵的人，先要做到不被敌人打败，然后才寻求战胜敌人的机会。把立于不败的主动权牢牢握在自己手中，克敌制胜则要看是否有机可乘。克劳塞维茨也认为，要把握进攻的"顶点"，即进攻方的力量足以进行防御以等待媾和的时刻，超过这一时刻继续进攻，就会遭到强大的反击甚至一败涂地。

军事对抗充满辩证法，以迂为直、以退为进、欲快先慢、欲取先予……比比皆是。在迷雾重重的战场上，指挥员随时随地明察秋毫，洞若观火是相当困难的，需要高度的机敏和睿智，只有不断地审时度势，综合各方面的情况灵活运用进退攻守，才可能"致人而不致于人"。解放战争时，张灵甫的整编第 74 师恃勇突出，结果在孟良崮全军覆没；朝鲜战场上，麦克阿瑟轻敌冒进，一、二次战役美军被打得丢盔弃甲抱头鼠窜。信息化条件下，战争变成了越来越难驾驭的"变色龙"，时间的价值空前提高，但快节奏有时亦离不开慢节拍，必要的"战术停顿"似慢实稳。看不到潜在风险和威胁，忽视攻防节律的控制，一味求快有进无止，极可能欲速不达甚至走向反面。

解放军报　2012.8.30　有改动

战者，率身
以励众

革命战争年代，上自最高统帅，下至无数基层指挥员的披肝沥胆、率先垂范，为人民军队提供了弥补物质条件菲薄、压倒一切敌人的精神力量。新历史条件下，面对形形色色的新威胁、新挑战，各级指挥员崇德尚义、立身为旗，才能赢得部属发自内心的尊重和信任，这仍然是凝聚人心、成就伟业的前提。

盘点中外历史上勇于担当的名将

孙子曰："夫将者，国之辅也，辅周则国必强，辅隙则国必弱。"一定意义上说，打仗即打将！真正称得上国之干城的优秀将领，除了具备"智、信、仁、勇、严"等"将道"之外，往往还有一个共同特点——唯实不唯上，一切从实际出发，不计个人得失，敢于坚持真理！盘点一下中外历史上那些敢于"抗上"的名将，对加强我军指挥员的综合素养，特别是培育担当精神，不无裨益。

孙武——"将在军中，君命有所不受。"

孙子，名武，春秋末期齐国人。因齐国发生内乱，到吴国隐居，结识了伍子胥。经伍子胥多次推荐，吴王阖闾便让伍子胥拜请孙子出山。

孙武晋见吴王，呈上《孙子兵法》十三篇。吴王看后，大为赞赏。为考察孙武的实际统兵能力，吴王挑选了100多名宫女交给孙武操练。孙武把宫女分为左右两队，指定吴王最为宠爱的两位美姬为左右队长，向她们说明了操练规则，同时指派自己的驾车人和陪乘担任军吏，负责执行军法。演练开始后，孙武发出号令，但宫女们充耳不闻，一个个笑得东倒西歪，队形大乱。孙武说："没说清楚规则、命令，是为将者的过错，不怪你们。"于是详细重申了操练规则，不料再次组织演练，宫女们仍然嘻嘻哈哈，视同儿戏。孙武说："命令不能被士兵理解，是将领的责任；理解以后却不执行，就是士兵的责任了。"便召集军吏，依据军法，要斩两位队长。阖闾在高台上看见孙武要杀自己的爱姬，急忙派人传话："寡人已经知道将军能用兵了。没有这两个美人侍候，寡人吃饭也没有味道。请将军饶了她们。"孙武毫不留情地说："臣既然受命为将，将在军中，君命有所不受。"坚持杀掉了两名队长，任命两队排头的宫女充当队长，继续练兵。当孙武再次击鼓发令时，众宫女前后左右，进退回旋，跪爬滚起，全都合乎规矩，阵形严整。孙武于是请吴王下来阅兵。阖闾失去爱姬，心中不快。孙武便亲见阖闾说："令行禁止，赏罚分明，这是兵家的常法，为将治军的通则。对士卒一定要威严，只有这样，他们才会听从号令，打仗才能克敌制胜。"听了孙武的解释，阖闾怒气消解，便拜孙武为将。在孙武的训练下，吴军战斗力明显提高，西破强楚，北威齐晋，吴国成为春秋五霸之一。

岳飞——"以身许国，何事不敢为！"

南宋抗金名将岳飞精韬略，善筹谋，作战指挥机智灵活，强调"运用之妙，存乎一心"。他严于治军，重视选将，信赏明罚，体恤士卒。其军以"冻死不拆屋，饿死不掳掠"著称，屡屡以少胜多。岳飞精忠报国、戎马一生，亲自参战指挥六十八仗，派部将出兵作战五十八仗，大小一百二十六战，未尝一败，可谓智勇双全、百战不殆。

作为坚定的主战派代表，面对朝中主和派的干扰掣肘甚至肆意破坏，岳飞刚毅果敢，坚持从实际出发，并留下"以身许国，何事不敢为！"的豪言。他一意领兵北伐，收复中原，为国报仇雪耻，表现出崇高的民族气节和卓越的军事才能。

1140 年，金国撕毁和约，大举南下攻宋，宋高宗赵构不得不答应岳飞的抗敌请求。金兀术对岳飞又恨又怕，决定集中力量与岳家军决一死战。宋室朝野风闻金兀术孤注一掷，双方已在郾城一带摆开了决战阵势，都十分恐惧。长期害怕与金军对阵决战的赵构更惶恐不安，急忙颁诏，命岳飞缩营自保，不得出战。岳飞却成竹在胸，运筹如常，接到帝诏后，也没有束兵示弱。郾城之战，岳家军步骑配合，以坚阵、长兵器和灵活的战术迎击金军精锐"铁浮图""拐子马"的密集冲锋，大获全胜。此役打破了强敌的不败神话，金军上下为之气夺，哀叹"撼山易，撼岳家军难！"金兀术不甘失败，三次增兵再战。岳飞审时度势，料敌在先，用兵如神，大胆而又机动灵活地与敌决战，连战皆捷，彻底摧毁金军主力，令中原战场乃至整个战争形势发生了根本性变化，极大地鼓舞了民心士气。

纳尔逊——摒弃教条破禁用兵，赢得决定性海战胜利

纳尔逊是英国帆船时代最著名的海军将领，在其长达 35 年的海军生涯中，身经百战，屡战屡胜。尤其 1805 年的特拉法尔加海战，纳尔逊摒弃教条破禁用兵，赢得了决定性胜利。

17 世纪中叶舷炮战术发展成比较稳定的战列线战术，此后英国海军一贯强调：舰队应以单纵队战斗队形，运用战列线战术实施海战。直到 1805 年特拉法尔加海战，禁律才被打破。是役，英国地中海舰队 27 艘战舰，迎战法西联合舰队 33 艘战舰。面对强敌，地中海舰队司令纳尔逊打出了"英格兰要求人人恪尽

职守！"的著名旗语，毅然决然地冒着巨大风险破禁用兵，采取分队穿插的机动战术（后被称为"纳尔逊战法"）突入敌阵。身先士卒的纳尔逊在残酷的接舷战中被法军狙击手射中，身受重伤，但机动灵活的战法打乱了敌人阵脚，士气高昂的地中海舰队最后赢得击沉敌舰 8 艘，俘虏 12 艘，毙伤俘敌 1.4 万余人而英国战舰无一损失的辉煌胜利。生命垂危的纳尔逊得知胜利消息留下一句"感谢上帝，我总算尽到了我的职责"后与世长辞。这是帆船时代和 19 世纪规模最大的一场海战，英国海军彻底粉碎了拿破仑进攻英国本土的计划，奠定了英国一个多世纪的海上霸权。2002 年，BBC 举行了一个名为"最伟大的 100 名英国人"的调查，纳尔逊位列第 9。今天，伦敦的特拉法尔加广场上仍耸立着纳尔逊的雕像，职责意识和"破禁"精神构成了纳尔逊跻身世界名将之林的决定因素。

朱可夫——屡屡与斯大林意见相左，被解除职务也不妥协

朱可夫是第二次世界大战中最负盛名的苏军将领，被广大苏联军民视为胜利的象征，对手则对他非常畏惧。德国总结苏德战争失败的教训，归纳了三条主要原因：一是红军战士英勇顽强；二是 T-34 坦克性能优异；三是苏联元帅朱可夫指挥卓越。

朱可夫在战争初期即对战争的严酷性和局面的严重性做出了正确判断，并敢于坚持自己的意见，即使被解除职务也决不妥协。卫国战争初期，纳粹德国的闪电战把苏军打得一败涂地，几乎组织不起有效的防御。1941 年 7 月苏军总参谋长朱可夫看出基辅已经守不住了，为了避免无谓的牺牲，7 月 29 日朱可夫当面向斯大林紧急汇报：必须放弃基辅，让西南方面军在德军中央集团军群和南方集团军群合围前撤过第聂伯河，保存力量以利再战。这本来是一个符合客观实际的正确意见，但乌克兰是苏联的粮仓，基辅是俄罗斯文明的发源地，而且战争爆发以来，西南方面军的作战表现是整个苏军中最好的，顶住了德军的强力进攻。斯大林没有认清形势的险恶，从感情上也接受不了放弃基辅，听到朱可夫的建议第一反应就是"你怎么能想出把基辅交给敌人呢，简直是胡说八道，你究竟是谁的参谋长，敌人的还是我们的？"性格倔强的朱可夫毫不妥协，立马回答"如果你认为我这个总参谋长只会胡说八道的话，我请求你解除我的职务"。朱可夫坚持己见令斯大林勃然大怒，半小时后，他被解除了总参谋长职务，贬为预备队方面军司令员。斯大林命令部队就地坚守，结果西南方面军遭敌合围，全军覆没，仅被俘苏军就超过了 65 万。这是人类战争史上规模最大的一场围歼战。惨重的损

失让斯大林真正看出了朱可夫的价值，事后他向朱可夫承认：放弃基辅的意见是对的。

该撤退时，朱可夫敢顶撞最高统帅要求撤退；不该退时，即使上级批准了，朱可夫仍严令部下一步也不许退！莫斯科保卫战过程中，朱可夫被紧急召回接掌西方面军，直接肩负保卫首都的重任。德军装甲集群攻势如潮，苏军第16集团军损失极大，实在撑不下去了，司令员罗科索夫斯基向朱可夫请求后撤10～12千米，退到伊斯特拉水库组织第二道防御，朱可夫毫不犹豫地拒绝了。情急之下，罗科索夫斯基绕开朱可夫，直接打电话到总参谋部诉苦。和蔼可亲的总参谋长沙波什尼科夫元帅听取了他的汇报后同意了。罗科索夫斯基收到总参的回电后，情绪一下子就高涨起来，说了句："我了解鲍里斯（沙波什尼科夫元帅），他一定是问过了最高统帅。"但是，他的高兴没能持续多久，第16集团军还没接到撤退的命令，却收到了朱可夫发来的一份用词不多、却令人生畏的电报："是我在指挥方面军！总参谋部的命令无效，我的命令是不许后退一步！给我回到原来阵地上去！"罗科索夫斯基不敢违抗，只好在原防区死守。苏军凭借钢铁般的意志，最终挡住了敌人，赢得了莫斯科保卫战的胜利。

粟裕——既坚持立场又讲究方法，最终说服中央改变计划

1948年1月，中央军委指示，粟裕率华东野战军3个纵队渡江南进，执行机动作战任务，吸引敌军回师江南，从而减轻我中原野战军的压力。粟裕从敌我双方力量对比到渡江南进的时机，从中原战局到全国战场，从军民关系到交通运输等一一作了分析，认为华野3个纵队10万大军暂不渡江为好。于是他一边积极准备渡江事宜，一边积极向中央军委建议：暂不渡江南进，并陈述了理由。中央军委对粟裕的建议非常重视，命令他和陈毅前往中央当面汇报。在向中央汇报的会议上，粟裕详细分析了暂不渡江的利害得失，毛泽东不赞同，但他仍继续汇报自己的意见。这时毛泽东提出：如你感到确有困难或不愿意率兵团南下，我们可以考虑另换统帅。这话说的很重，明显是在威慑"不换脑筋就换人！"但粟裕不急不躁，他既了解毛主席的脾气，更相信毛主席的判断力。粟裕进一步解释："现在我们已经具备了大战中原的基本条件，就应该争取把敌人的主力歼灭在长江以北，如果从中原抽走10万主力，削弱了坚强的突击力量，我们就会失去更多的时间，甚至有可能推迟夺取全国胜利的时间。"毛泽东再次问粟裕：是不是还坚持放弃南下的意见？粟裕坚定地回答："是的。我个人意见还是认为3个纵队暂缓渡江，集中兵力，在中原大量歼敌，把敌人主力消灭在长江以北为好。"

他坚持得很高明，很艺术。最后，中央军委反复论证后，决定接受粟裕的建议。历史证明，粟裕的建议完全正确，此后的几个月，我军在江北连打几场漂亮的歼灭战，迎来了中原、华东两大野战军会师淮海、决战中原的大好形势，保证了"百万雄师过大江"的伟大胜利。

翻翻战史不难发现，古今中外所有的伟大胜利几乎都离不开各级指战员，尤其高级将领的准确判断、勇于担当。客观分析，名将们的"抗上"之举，既不是好大喜功，也不是独断专行，更不是藐视上级，而是出于对战略意图的正确理解，对战场形势的准确判断，对战机把握的高度敏感和对"打赢"使命的慨然担当。

打胜仗需要敢担当！十八大以来，习主席发表的100余篇重要讲话中，30多次讲到"敢于担当"。过去的战争要求指挥员敢于和善于机断行事，信息化战争需要随机应变、临机决断的情况更多、更复杂。与此同时，各级领导也要有识才的慧眼、容才的雅量和用才的胆略，像毛主席听取粟裕的建议那样，真正做到"将能而君不御"。

军事史林　2016.5.1　有改动

有感于朱可夫要冲锋枪

"二战"资料片《莫斯科保卫战》中有这样一段情节：1941年10月，几乎是卫国战争中苏军最困难的阶段，朱可夫任西方面军司令员，指挥部队抗击德军。10月14日，德军在西方面军司令部驻地空投了伞兵，参谋向正在地图前办公的朱可夫报告。朱可夫指示"通知他们，给我拿一支冲锋枪来"。接着补充道，"消灭掉伞兵以后，向我报告。"枪送来了，朱可夫将其挪到伸手可及而又不妨碍工作处，继续伏案疾书。一阵激战，参谋报告："敌人的伞兵已被全部消灭，抓到几名俘虏，您要审讯吗？"朱可夫头也不抬说："没时间。""要报告大本营吗？"听到这个问题，朱可夫停笔、抬头，深深看了对方一眼问："为什么？"简单的几句对白、几个动作，把一代名将朱可夫的沉着冷静、身先士卒、忘形荣辱刻画得淋漓尽致。

伞兵是军中精锐，通常执行重要时机、重要方向的重要任务。敌人在司令部驻地空投伞兵，可能就有"斩首"企图。危急关头，朱可夫临大事而有静气，镇定自若地继续办公，既是工作需要，又是对下属的激励鼓舞。作为一名由普通士兵擢升起来的方面军司令，这时提出要冲锋枪，并摆放在最佳位置，显然是准备必要时像士兵一样投入战斗。提醒下属消灭敌人后向他报告，也是为了能尽快集中精力办公。歼敌后的处置更令人钦佩，参谋提示要不要报告大本营，可能不是为了邀功，或许也想通过敌人的这次行动引起统帅部对本方向的重视，但在无私无畏的朱可夫看来，已经解决且无关大局的情况显然不值得干扰上级，他停笔抬头的注视和质问，既有责备的意味也饱含教育的情怀。

"知兵之将，民之司命，国家安危之主也。"懂得用兵奥妙的将帅，是民众生死的掌握者，国家安危的主宰。古今中外打胜仗的将军数不胜数，而真正称得上"民之司命，国家安危之主"的"知兵之将"却并不多，这样的指挥员身上，除了将道，无不同时具备一种使人由衷敬仰、无悔追随的人格魅力。决定战场胜负的诸多因素中，当然有不少需要仰仗指挥员的睿智与果断，需要指挥员高度敏感地创造和把握战机，然而其重中之重的"人的因素"，特别是"人和"的优势，却不可能战事临头招之即来。这需要指挥员身体力行，一以贯之地用人格力量去营造，用自身的影响力与感召力去赢得。

　　有人说，共产党之所以能打败国民党，与大相径庭的战场动员不无关系。共产党的干部冲锋在前，喊的是"同志们，跟我来"。国民党的军官督战在后，叫的是"弟兄们，给我上"。很多底层士兵或许不解信仰为何物，但他们从榜样身上汲取的力量是无穷的。中央苏区红军第三次反围剿，毛泽东亲自拿着地图、指北针走在最前面，带领部队从听得到敌人哨兵咳嗽的夹缝中穿出包围圈；长征翻越大雪山，没有留下姓氏的军需处长千方百计保障部队，自己却仅剩单衣冻饿而死，留下一座不朽的丰碑。

　　我军指挥员有值得骄傲的历史，有值得继承的传统，也有值得警惕的现实。前段时间网上频频展示萨达姆的黄金 AK–47 和卡扎菲的黄金手枪，这两位人物起家的艰辛、在位的声色犬马和最终的惨淡收场如此相似，令人不胜唏嘘。相比之下，朱可夫要冲锋枪的战术动作才是不断激励指挥员修德自励的"国之利器"。

解放军报　2012.5.7　有改动

有感于"天子不与白衣同"

　　《资治通鉴》讲到一个故事：光武帝建武十九年（公元43年），刘秀的姐姐湖阳公主的一个奴仆，杀人后躲进主子家，官吏无法上门缉拿。洛阳令董宣得到消息，派人守在路上，待这个奴仆陪湖阳公主乘车外出时，拦下马车，大声数落公主的过错，并将杀人犯就地正法。湖阳公主气不过，找刘秀告状。刘秀打江山时，姐姐跟着他颠沛流离吃了很多苦，此刻听闻姐姐受委屈，大怒，立即召来董宣，也要将他"就地正法"。董宣请求说完一句话再死。刘秀同意了。董宣说："陛下复兴汉室却纵仆杀人，将如何治理天下？不用麻烦，我自行了断。"说完一头撞向柱子，满脸是血。刘秀顿时醒悟，急忙命左右拦住董宣，改让他向公主道歉，给公主个台阶下就算了。奈何董宣性格刚烈，宁死不肯低头认错。刘秀只好作罢，并对董宣赏钱三十万奖励他的刚正不阿。湖阳公主恨得牙根痒痒，对弟弟使激将法："早年你当平头百姓的时候，窝藏逃犯，官府都不敢上门抓人！现在当了皇帝，居然连一个小县令都奈何不了！"刘秀一点不生气，笑着回了句："天子不与白衣同！"得到皇帝的支持，董宣铁面无私干劲更足，洛阳治安迅速好转。

　　刘秀的话，用现在话讲就是"干部不能把自己混同于普通群众"。普通人意气用事可能无关大局，领导意气用事弄不好就会祸国殃民；普通人亲疏有别乃情理中事，领导亲亲疏疏往往会使党纪国法名存实亡……领导干部的德才表现，必须超过普通群众。地位越高，责任越重；权力越大，越应该有所敬畏。即便在处处标榜自由民主的资本主义国家，对领导人的品德要求也高于平民，美国总统克林顿就曾因个人生活作风的"小节"，被批得狼狈不堪，甚至险遭弹劾。中国作为有着五千年璀璨文明的礼仪之邦，历来强调领导干部严于律己、以身作则。

　　军队是国家安全的最后一道屏障。军人的体能意志、奉献精神、牺牲精神都要高于一般公民，军官作为领导干部，对自身各方面的要求都要严于普通战士。不仅战时"打仗即打将"，即便平时，也是"兵随将转"。军队战斗力的强弱，很大程度上取决于军官队伍素质的高低。"其身正，不令而行；其身不正，虽令不从。"三国时诸葛亮治军，"军井未汲，将不言渴；军幕未办，将不言倦；军灶未炊，将不言饥"。真正优秀的指挥员身上，除了将道，无不同时具备一种使人由衷景仰、无悔追随的人格魅力。

抗美援朝战争伊始，毛主席就把自己的长子毛岸英送去朝鲜参战。岸英牺牲后，主席强忍悲痛，坚持把岸英和成千上万普普通通的志愿军烈士一样安葬在朝鲜。三年自然灾害期间，毛主席的小女儿李讷和同学们一样忍饥挨饿，卫士李银桥悄悄给李讷送了一点饼干，主席得知大发雷霆，李银桥忍不住小声辩解了一句："别的家长也给孩子送吃的了。"没想到主席听后更为震怒："别人能送，你不能送，谁叫她是毛泽东的女儿！"

革命战争年代，上自最高统帅，下至无数基层指挥员的披肝沥胆、率先垂范，为人民军队提供了弥补物质条件菲薄、压倒一切敌人的精神力量。新历史条件下，面对形形色色的新威胁、新挑战，各级指挥员崇德重义、立身为旗，才能赢得部属发自内心的尊重和信任，这仍然是我们凝聚人心、成就伟业的前提。

解放军报 2018.11.15 有改动

打赢才是"硬规矩"

——从越级报告说开去

2011 年济南军区某防空旅和空军某部组织的一场实兵对抗演习中，某导弹连奉命前出实施机动防空作战。该连排长李桂林从车载光学瞄准镜中不经意发现，一架"敌机"正沿着群山的侧面快速飞来，距离仅 8 千米。他马上意识到，"敌机"穿梭在雷达盲区，数秒内即可进入射程，时间紧迫，来不及逐级汇报。李桂林直接运用指挥信息系统，越级报告旅指挥所，仅用 6 秒便发射导弹，击落了"敌机"。捷报传来，李排长却因越级报告挨了批。不少官兵认为，越级报告不仅冲击指挥体制，还会引发不可预知的后果，可能因此打乱部署，暴露企图……这次"歪打正着"并不可取。更有几位营连干部用"不懂规矩"评价他的行为。所幸该旅领导从实际出发，从打赢出发，肯定了李桂林的做法，并专门组织力量，论证现行战时指挥体制，对越级报告、越级指挥进行了系统规范，列举出十余种适用情况，同时下放射击权限。

事情的结局比较令人满意，但仍有值得进一步思考的问题。如果李桂林发现"敌机"晚了几秒，"敌机"正在快速飞过，连越级报告的时间都没有，或者报告后一时没得到开火指示，该不该边发射边报告，甚至先发射后报告？如果未获指示即发射，将如何定性？这是勇于负责的当机立断还是急功近利的"擅自开火"？设身处地将如何抉择？

这些问题似乎有些沉重，或许难以简单作答。但至少有两点可以肯定：第一，"不守规矩"风险很大，赢了尚且难获褒奖，出现差错更难辞其咎。除了冲击指挥体制，引发不可预知的后果，甚至还可能陷入圈套，这类的"可能"并非没有先例。贝卡谷地之战，叙利亚防空导弹部队中了以色列无人机的诱兵之计，6 分钟内全军覆没且无一斩获。第二，贻误战机风险更大，必遭损失，甚至影响全局。从演习中"敌机"精选航线，快速突防的行动判断，偷袭的可能显然大于诱敌。被击落的"敌机"飞行员也证实：他眼看就能发射导弹，却被地面防空分队抢了先机。李桂林迟疑几秒的后果可能就是己方被"斩首"，甚而导致满盘皆输。由此不难得出结论，这次演习遇到的情况，李桂林不论越级报告，还是未获指令即自行开火都是符合上级意图和战场实际的机断行事，该旅领导论证现行指挥体制后，下放一定的射击权限，就是对李桂林机断行事的肯定和鼓励。

战争从不"守规矩"，对手更不"认规矩"，打赢才是"硬规矩"！当然，打赢指的是全局的、长远的胜利，包括局部的、暂时的牺牲。机断行事是战争现实辩证法的客观要求。因为计划、命令是建立在最现实的情况之上的，一切行动都应适应现实，而现实是辩证的，所以指挥也应是辩证的。以往的战争要求指挥员敢于和善于机断行事，信息化战争更是如此。中国自古就不乏"将在外，君命有所不受"的先例，遗憾的是和平岁月磨灭了很多军人的激情、斗志和担当。个别领导甚至公然提出"宁可贻误战机，也要按规定程序把废话说完"，怕担责任的心态表露无遗。更值得警惕的是这种风气已有蔓延之势。为什么旅领导定性前，李桂林及时果敢的处置会遭到那么多非议？为什么这种越级报告行为发生在一个排长，而不是连长、营长身上？偶然中有没有必然？指挥员当然要有持重待机的审慎稳健，但当机立断的智慧和勇气同样不可或缺。因为"打赢"的职责决定，关键时刻不能刻意回避风险。

"苟利国家生死以，岂因祸福避趋之？"提倡机断行事，上下都应有共识。对上级而言，鼓励部属勇于负责并不是简化或省略本级的指挥责任，瞬息万变的信息化战争，更要把作战部署做好做细，通过作战部署，使各级指挥员明确整个作战意图，明确战役战术的基本原则，明确各自承担的任务及自己的任务对整个作战的意义，从而妥善处理局部与全局的关系，充分发挥主动性和创造性，正确地与友邻部队协同作战。对下级而言，必须认清体系作战中的任何局部都可能牵一发而动全身，机断行事不是好大喜功、独断专行，情况紧急不得已而为之的时候，一定要有战略眼光、全局意识，以高度负责的精神，在上级总的意图下灵活机动、自主决断，不失时机地打出令人耳目一新的战法。

中国国防报　2012.5.28　有改动

漫话"楚虽三户，亡秦必楚"

"楚虽三户，亡秦必楚"这句话的文字记录最早似见于《史记·项羽本纪》。秦朝末年，胡亥与赵高倒行逆施，致生灵涂炭。陈胜吴广揭竿而起，天下英豪群起响应。陈胜败亡后，范增为项梁谋"陈胜败固当。夫秦灭六国，楚最无罪。自怀王入秦不反，楚人怜之至今，故楚南公曰，'楚虽三户，亡秦必楚'也。今陈胜首事，不立楚后而自立，其势不长……"范增认为秦国最后灭掉的楚国最无辜。当年楚怀王到秦国做人质，客死异乡不得归国，楚人对此始终不忿，所以楚南公早就说过"楚虽三户，亡秦必楚"。陈胜失败的关键就在于没有顺应民意，"不立楚后而自立"。项梁于是拥立前楚怀王之孙熊心为楚怀王，展开了轰轰烈烈的复楚灭秦大业。项梁战死后，项羽继承叔父遗志，继续与暴秦进行不屈不挠的殊死搏杀。公元前207年巨鹿之战，项羽率军渡过漳水，破釜沉舟，全军将士仅带三日口粮，一往无前地向十倍于己的秦军精锐发起决死进攻，九战九捷，大破秦军，杀苏角，虏王离，继而迫降章邯，摧毁了秦军主力。太史公赞道："羽非有尺寸，乘势起陇亩之中，三年，遂将五诸侯灭秦，分裂天下，而封王侯，政由羽出，号为'霸王'，位虽不终，近古以来未尝有也。"

西楚霸王用不世之功印证了"楚虽三户，亡秦必楚"这句话。这句话流传两千余年仍能引领我们瞬间穿越剑气纵横、杀声震天的古战场，激发起男儿的血性与豪情。冷静下来仔细分析，楚南公因怀王入秦为质，客死异乡不归，引起楚人不忿，所以放话；范增以这句预言和"秦灭六国，楚最无罪"为由劝项梁复楚灭秦。不论是楚怀王客死异乡，还是国家无辜被灭，这些有限的道义优势应该都不是楚国灭秦复仇的充要条件。"楚虽三户，亡秦必楚"今天听起来固然气势恢宏，但从出处上品读则缺乏逻辑。

"春秋无义战"，战国期间的攻伐又有几场能称得上"义战"呢？整个春秋战国时期，诸侯争霸，大国兼并，因力量弱小而无端被灭的国家比比皆是。秦固然攻城灭国，杀人无数。楚却也在争霸图强的扩张中先后灭掉息、邓、弦、黄、陈、蔡、顿、胡、杞、莒、越、鲁等大小十余国，这些小国弱国难道都"罪有应得"？唐代诗人杜牧在《阿房宫赋》中写道："灭六国者，六国也，非秦也；族秦者，秦也，非天下也。嗟乎！使六国各爱其人，则足以拒秦；使秦复爱六国之人，则递三世可至万世而为君，谁得而族灭也？秦人不暇自哀，而后人哀之；后人哀之而不鉴之，亦使后人而复哀后人也。"警钟长鸣，殷鉴不远。苏联共产党拥有30多万名党员时，夺取了十月革命的伟大胜利；拥有500多万名党员时，领导人民打败了不可一世的德国法西斯；而在拥有近2000万名党员时，却丧失了执政地位、苏联解体……国家民族也好，团体个人也罢，衰落败亡的真正原因往往不是来自外力！

楚南公的预言更像是受了委屈，无奈之下自我排遣、激励摆下的一句狠话；范增则纯粹是在替项家借复楚名义做"征兵宣传"。焉知齐国国破之时没有遗老发出"齐虽 × 户，亡秦必齐"的呐喊？只不过少了"力拔山兮气盖世"的英雄，再多的干云豪言终将随风而逝。出了项羽，"楚虽三户，亡秦必楚"才得以流传至今。说得好固然有意义，做得好往往才更能经得起岁月长河的大浪淘沙。

杂文报　2012.8.10　有改动

学用贯通，始得大道

—— 有感于戚继光对《孙子兵法》的继承创新

孙武是我国的兵圣，《孙子兵法》堪称兵学圣典。古今中外，精研、注释《孙子兵法》的大家数不胜数，宋朝时就有《十一家注孙子》。魏武帝曹操、唐太宗李世民、大诗人杜牧，包括西方许多军事家，甚至美国总统和日本天皇也都重视学习《孙子兵法》。而戚继光对《孙子兵法》的继承创新，尤其耐人寻味。

明朝名将戚继光平定倭寇，救万民于水火；镇戍蓟州，扬国威于塞外。纵横三十年，南北、水陆、大小百余战，未尝一败。他不仅是战功卓著的民族英雄，也是中国古代最杰出的军事家之一。

无论投笔从戎前的求学时期，还是戎马倥偬的战争年代，戚继光都抓紧点滴时间学习先哲的兵书战策。孙子、吴子、鬼谷子、诸葛孔明等先辈军神都是他的老师，他们用不朽的文字对戚继光进行了超越时空的思想启迪，《孙子兵法》影响尤其突出。孙武认为，从战略层面分析，决定战争胜负的是"五事""七计"，即"道、天、地、将、法"和"主孰有道？将孰有能？天地孰得？法令孰行？兵众孰强？士卒孰练？赏罚孰明？"戚继光在他的职权范围内非常重视选兵育将、严格操练和信赏必罚，他用孙武教战的故事说明练兵方法，言出法随，甚至以临阵回顾，斩其长子！戚家军因此锻造出"攻击如火，不动如山"的铁的纪律。对孙武提出的"胜兵先胜而后求战，败兵先战而后求胜"，戚继光也高度认同。每逢战事，在指挥部队投入战斗之前，他都要立足最危险最困难的情况，缜密细致地预见各种不测，把各种条件及可能发生的意外反复斟酌，尽可能地以设计战争代替应对战争，在作战指导上追求全策全胜。

与许多人对圣贤著作推崇备至不越雷池半步不同，戚继光非常注意在深得精髓、知其精妙的基础上批判地继承。知其不足，活学活用，始得大道。他不迷信和盲从权威，站在圣人肩上却并不恐高，习惯于在注释中表达自己的独到见解。即便对《孙子兵法》，他也能进行创新性的颠覆与超越。比如孙子说"佯北勿从，锐卒勿攻，饵兵勿食，归师勿遏，穷寇勿迫"，戚继光却说"收军整队，留人搜瞭，播鼓追逐"。孙子还说"无邀正正之旗，勿击堂堂之阵"，戚继光却说"当以数万之众，堂堂正正，彼来我往，短兵相接"。类似注释不胜枚举。

光凭这些文字似乎还不足令人信服，再看看戚继光的战果，便知其并非妄言。抗击倭寇时，戚继光创立攻防兼宜的"鸳鸯阵"，以 12 人为一队，长短兵器迭用，灵活机动，相互照应。戚家军运用此阵全胜 80 余战，彻底荡平东南沿海倭患，并创造了歼敌过千、己无伤亡的战争神话。驻守蓟州时，戚继光组建"车战营"，实现了车、骑、步兵的优势互补和三战迭用，形成攻防一体的战术集群，并广布火器，倍增战力，以劣势兵力大破强敌，歼灭蒙古精骑十余万，令蒙古各部心惊胆寒，长城内外，固若金汤。

得到了实战印证，充满激情自信和真知灼见的批注，将戚继光自由的人格和独立思考的精神彰显得淋漓尽致。在这些注释文字的基础上，戚继光结合自己南征北战、统军御将的成功经验，形成了两部学术水准很高的教材：《纪效新书》和《练兵实纪》。书中在装备革新、兵种协同等方面多有精辟阐发，突出强调了战训一致，守备边防与建设边防的有机统一。其理论与实践的契合度及对新的暴力手段的研究与关注，都是前无古人的。史学家黄仁宇因而感叹"在可能的范围里，戚继光已经做到至矣尽矣"！

客观世界的发展无穷无尽，人们对客观世界的认识当然也在不断深化。无论多么高瞻远瞩的雄才大略、奇谋良策，都只能是具体时空条件下作用于具体对象的产物，不可能遏断人类思维的长河。戚继光对《孙子兵法》的继承创新启迪我们：历史的睿智代替不了现实的思索。若无新变，不能代雄！结合新情况，突破时代局限，对先贤的思维原型改造扩展、拾遗补阙、注入生机、翻出新意，才可能创造属于我们自己的辉煌。

孙子研究   2015.9.20   有改动

忠诚是一切高尚的根本

"天下之德，莫大于忠。"英国诗人雪莱说："在任何生命中，忠诚都是贯穿其中的主线。"军人"执干戈以卫社稷"的特殊使命更决定了忠诚是一切价值的根基。

从古至今，历代兵家都将"忠诚"列为军人必备的素养，对指挥员而言，忠诚更是将德之首。早在春秋时期，兵圣孙武就将忠诚列入战胜敌人的五大要素，要求将帅"进不求名，退不避罪，唯民是保，而利合于主"。《魏缭子》云："将受命之日忘其家，张军宿野忘其亲，援枹而鼓忘其身。"三国时，诸葛亮亦有言："人之忠也，犹鱼之有渊，鱼失水则死，人失忠则凶。故良将守之，志立而名扬。"西方著名军事理论家克劳塞维茨也强调，军人坚守忠诚，要像"站立在海上的岩石一样，经得起海浪的冲击"。

忠诚胜于能力。如果量化评估军人的价值，则"忠诚"不同于其他任何要素，对"忠诚"的量化或许不宜使用具体的数字，而更应该作为整个价值数据前的"+"或"−"号。失去了忠诚这个前提，能力越大，危害越大！第一次世界大战期间击败德军的法国英雄——贝当元帅，曾是法国人民的骄傲。"二战"初期，巴黎沦陷后，面对德军大兵压境，执政的贝当内阁放弃抵抗宣布投降，并成立了维希伪政权，为虎作伥。苏联卫国战争期间，在基辅会战、莫斯科会战等重大战役中表现出色，被授予大将军衔、苏联英雄称号的苏军高级将领弗拉索夫，在后来的列宁格勒（编者注：现指圣彼得堡）战役中失利被俘，很快变节投敌，担任了希特勒手下的"俄罗斯解放军"司令，将枪口转向自己昔日的袍泽战友。面对生死存亡的威逼，面对高官厚禄的利诱，有的人抛弃忠诚，放下尊严，沦为无耻的叛国者，也将自己钉牢在历史的耻辱柱上。有的人却用铮铮铁骨承受考验，用生命辉映国家民族的历史。宋朝的文天祥，明朝的史可法，共产党人杨靖宇、赵尚志、赵一曼、马本斋等都是精忠报国、蹈死不顾的民族英雄，他们以自己的抉择谱写了民族脊梁的赞歌，他们永远活在祖国人民的心中。

忠诚不是"愚忠"。真正的忠诚不是简单机械地一味执行上级命令，而是在自由人格和崇高信念指引下，对职责使命的慨然担当。抗金名将岳飞作为坚定的主战派代表，面对朝中主和派的干扰掣肘甚至肆意破坏，刚毅果敢，坚持从实际出发，捕捉创造战机，屡败强敌，并留下"以身许国，何事不敢为！"的豪言。南宋末期，名将李庭芝率孤军死守扬州，面对元军重兵围困和招降，大义凛然地选择了与百姓故土共存亡，以身殉国。明英宗昏聩无能，宠信奸佞，致有"土木之变"兵败被俘。敌军挟天子逼迫军队统帅于谦投降，于谦毅然向全军下令："国家领土寸步不能让人！"这些名将的忠勇，超越了历史和阶级的局限，发人深省，令人钦佩。

忠诚必须传承。一个锐意进取的民族，不能没有精神标杆的引领；一支发愤图强的军队，不能陷入功利主义的泥淖。泱泱五千年华夏文明，之所以饱受挫折、历经劫难却坚韧顽强地绵延赓续至今，就是因为我们的传统武德把忠诚作为军人最基本的道德修养。每当中华民族陷入生死存亡的危急关头，总有一批赤胆忠心的民族精英义无反顾地挺身而出，或力挽狂澜延续国祚，或舍生取义激励来者。今天，虽不再是革命与战争的年代，中国的安全稳定仍面临威胁，军人的使命职责仍重任在肩。越是价值观念多元多样多变，越需要彰显我们的主流价值，越需要奏响绝对忠诚的时代旋律。指挥员的忠诚，不是空洞的口号，不是高调的表态，而体现在工作的态度上、内心的选择中。在绝对忠诚者的眼里，国家需要就是唯一的选择。忠诚品质下蕴含着的使命意识、忧患意识、全局意识、军人气节和牺牲奉献精神，是每一名中国军人，更是指挥员必须继承和弘扬的。

解放军报"指挥员素养系列谈①" 2016.10.27 有改动

勇毅是无往不胜的力量

"夫战，勇气也。"战争的残酷性决定，军人的血性斗志、精神张力都要高于常人。勇敢，是社会对每一名军人最基本的要求，指挥员更应具备压倒一切敌人而不被任何敌人所压倒、征服一切困难而不被任何困难所征服的英雄气概。克劳塞维茨说：物质的原因和结果不过是刀柄，精神的原因和结果才是锋利的刀刃。古今中外的战争实践表明，英勇无畏对军人、军队及战争的影响至关重要。"谁有更大的勇气和更多的毅力，谁就能取得胜利。"

勇毅是发挥感召力的前提。"将是军中胆！"指挥员的一言一行、一举一动都影响感染着身边的战士，没有临危不惧、率先垂范的勇气担当，就不可能赢得部属的钦佩信赖，更不可能带领部属拼死奋战、力克强敌。

勇毅是产生破敌智慧的条件。奇谋良策往往在坚持中产生，也往往在坚持中才能奏效。所谓狭路相逢勇者胜，就是当生死存亡的考验来临之际，心理与生理的抗争达到极限之时，看谁更能咬紧牙关，比对手多坚持一下。谋略创造，不只是一种智慧，也是一种意志、一种精神状态。只有在良好的精神状态下，保持争取胜利的信念之火不灭，才可能创造奇迹，赢得胜利。大勇出大智。抗美援朝战争第二次战役，我 38 军 113 师敌后穿插夺占要点三所里。时间紧、任务急，面对强敌空中优势，部队再怎么伪装也难以隐蔽企图。113 师指挥员索性一改严密伪装、隐蔽行动的常规，大胆去掉伪装，以行军队形沿公路跑步奔袭敌后。敌机反复侦察，判断这是一支从前线换防下来的友军，非但没发动空袭，反而还通知三所里守军为"友军"备好了饭菜。

勇毅是克敌制胜的根本。指挥员的勇毅品格，既包括必要时的靠前指挥，甚至冲锋陷阵，更体现在危急关头力挽狂澜的指挥决策中。指挥员必须有勇气承担责任、承受压力、忍受孤寂、进不求名、退不避罪，责无旁贷地履行使命。1946年 7 月到 1947 年 9 月，在解放战争最艰苦的阶段，在中国两个前途、两种命运史无前例的大决战中，粟裕将军率华中和华东野战军进行了苏中、宿北、鲁南、莱芜、孟良崮、沙土集等六次大战役，中小战斗不计其数，使华东战区成为吸引敌军最多、消灭敌军最多的战区。之所以能取得如此辉煌的战果，除了战斗员的牺牲精神之外，决策者"敢于战斗，善于战斗；不战则已，战则全歼；不斗则已，斗则必胜"的坚强意志毫无疑问是十分鲜明的重要因素。兵民是胜利之本，但必须承认：关键时刻，领导者的意志是中流砥柱，勇毅是无往不胜的源泉。

战争不仅是武器装备的对抗，更是双方战斗精神的较量。无论战争形态发展到什么阶段，无论面对多么强大的对手，有了勇毅精神，才能产生战胜强敌的信心，磨砺百折不挠的意志；有了勇毅精神，才能客观辩证地知彼知己，扬长补短，乃至以己之长击敌之短；有了勇毅精神，才能不断创造时代的辉煌。

解放军报"指挥员素养系列谈②"　2016.11.1　有改动

无私是成就伟业的基础

日本实业家稻盛和夫说："无私是大大小小一切组织的领导者的首要条件。上自国家，下至企业，任何组织，哪怕是一个非营利的小小的学术机构，领导者是否无私，往往决定了组织的死活、企业的盛衰乃至国家的兴亡。"军队是国家安全的屏障，战争是用血与火，对一支军队，进而对一个国家做出的严格检验。实现中华民族伟大复兴，需要每一名中国军人的无私奉献，指挥员更要公而忘私，精忠报国。

无私才能胸怀全局，胆识俱全。"将者，国之辅也，辅周则国必强，辅隙则国必弱。"长平之战前，赵王任用名将赵奢的儿子赵括为将，赵括的母亲坚决反对。她说："昔日赵奢为将时，把大王的赏赐全都分给士卒，从受命之日起，就不再过问家事，一直住在军营，与士卒同甘共苦。而赵括当了大将后，高高在上使军吏不敢仰视，把大王赐的金帛全都藏在家中，一有时间就置办田宅。这样的人怎堪重任？"赵王不听劝阻，执意令赵括领兵出征，结果全军覆没。赵括本人也死于乱军之中。三国时，刘备平定益州后，想把成都附近的土地和豪宅赏赐给有功将领，赵云用霍去病"匈奴未灭，无以家为"的名言劝诫刘备：天下三分，创业未半，不可耽于享乐，且益州初定，民生疲敝，应将这些田宅归还原主，休养生息，赢得民心。赵云言之谆谆，见识深远，终于说服了刘备。后来孙权偷袭荆州，擒杀关羽。刘备不顾孙刘联盟的战略利益，大兴问罪之师，欲报关羽之仇，连诸葛丞相的劝阻都不听。赵云依然对刘备直抒胸臆：曹魏是国贼，孙吴是私仇，放弃曹魏这个主要敌人，先跟孙吴交兵，是后公先私，而且正好会给曹魏扩张提供良机！赵云的进谏，出于公心，情真意切，鞭辟入里。刘备一意孤行，犯下无法挽回的战略错误，乃至临终追悔莫及。赵云之所以成为有胆有识的一代名将，与其无私的品格是分不开的。指挥员任务艰巨，责任重大，尤其在具有决定意义的时空环境中、在战略问题的决策上，一着不慎就可能导致满盘皆输，必须摒弃一切私心杂念，忘我地进入"角色"，才能辨是非、明利害、识时势、知彼己，积极稳妥地履行使命。

无私才能凛然无畏，敢于担当。战争时刻充满变数。没有原则，没有规矩就无法统一意志，合力破敌；墨守成规，不知权变，甚至削足适履，也必将贻误战机。古今中外，真正优秀的指挥员，既有审时度势、趋利避害的机敏睿智，更有进不求名、退不避罪的勇气担当，必要时甚至敢于在上级总的意图下，从实际出发，打违抗命令的胜仗。袁崇焕力排众议，坚守孤城宁远，凭坚城、用大炮，重创努尔哈赤，取得了彪炳千秋的"宁锦大捷"；钟伟在靠山屯之战发现战机，三次抗命，一面组织部队攻击、打援，一面上报变化了的战场情况，终于打动上级全力支持，干净利索地取得了"三下江南"的完胜。英国的纳尔逊、法国的戴高乐、美国的巴顿、苏联的朱可夫……都唯实不唯上、敢于坚持真理。

打胜仗需要敢担当！未来战争更需要指挥员无私无畏，具备"苟利国家生死以，岂因祸福避趋之"的担当精神，才能各司其职把握机会，打出新一代中国军人的战法与辉煌。

解放军报"指挥员素养系列谈③"　2016.11.10　有改动

仁爱是众志成城的前提

孙子提出："将者，智、信、仁、勇、严也。"这五种品德相辅相成，不可分割，忽视任一方面，都有损指挥员的武德完整。但应该承认，孙子"五德"的核心是"仁"。真理和谬误往往仅一线之隔，缺少了仁爱，其他"四德"就很容易失去正面的伦理价值，变成"奸智""愚信""鲁勇""严酷"。

"将之求胜者，先致爱于兵。"我国兵学文化源远流长，历来倡导上下同欲、生死相依的官兵关系。"视卒如婴儿，故可与之赴深溪；视卒如爱子，故可与之俱死。"战国名将吴起亲自用嘴帮生疮的士兵吸出毒疮里的脓血；西汉"飞将军"李广"得赏赐辄分其麾下，饮食与士卒共之"。这些带兵人皆因爱兵情怀深受士卒爱戴，士卒皆愿"与之俱死"。我军是党领导下的新型人民军队，官兵一致、团结一心，更是我军战无不胜、攻无不克的法宝。井冈山斗争期间，有支部队在反"围剿"作战中牺牲很大，战士们非常疲劳，士气较低。朱德军长看到这种情况，为了让战士们多休息一会，主动替战士站夜岗。官兵们非常感动，很快恢复了士气，以昂扬的斗志投入紧张的战斗生活。小事不可小视。诚如朱老总所说："给战士站岗、盖被子，这些不起眼的事情包含着中国革命的成功。"与此相反，越南战争期间，面对恶劣的环境，美军只强调军纪而忽视感情。军官对士兵非常冷漠，缺乏关怀，大大激化了内部矛盾，致官兵反目、自相残杀愈演愈烈，谋杀长官的恶性案件此伏彼起，在军事历史上创造了一项极不光彩的世界纪录。

爱兵不是放任溺爱，必须宽严相济。生活中体恤，训练时严格才是真正的关怀。战争是你死我活的血腥对抗，平时多流汗，战时才能少流血。只有严格要求、严格训练，让战士们具备过硬的杀敌本领，才能有更大的把握战胜对手、更大的机会生存下来。岳家军、戚家军的训练标准、作风养成都远高于同时代的其他部队，正是凭借这样的训练和纪律才打造出百战百胜、所向无敌的雄狮劲旅。

指挥员的仁爱绝非"妇人之仁"，当全局与局部无法兼顾、"大仁"与"小仁"发生冲突时，必须理智果断地做出抉择。所谓"慈不掌兵"！古今中外很多名将在危急关头往往表现得异常"冷酷"。比如敦刻尔克大撤退期间，英军统帅亚历山大对阻击部队下的命令是"战斗到死！"；塔山阻击战东北野战军司令部的回复："我不要伤亡数字，只要塔山！"辩证地看，没有这些局部的牺牲，必然要在全局付出更大代价。指挥员这种钢铁般的意志和"无情"，恰恰是对部属乃至国家民族的高度负责和无疆大爱。

爱兵与爱民是统一的。我军是人民子弟兵，在初创时期就制定了三大纪律六项注意，以统一全军纪律，维护群众利益。抗战期间，太行、太岳根据地遭遇严重春荒，一些群众断粮，八路军在自己供应极为紧张的情况下，心系群众疾苦，上自总部领导，下至基层官兵，每人每天省下 2 两小米救济灾民，全军将士人人都饿得面黄肌瘦，仍坚持与人民共渡难关。坚定不移地践行"视人民如父母"的爱民之德，令人民军队赢得了群众发自肺腑的信任和拥护。在亿万群众不遗余力的支持下，我军从战火硝烟中一路走来，什么样的天堑也无法阻挡，什么样的大山都能铲平。从 1927 年建军到 1949 年夺取全国政权，22 年时间摧枯拉朽横扫一切，令蒙受了百年屈辱的中华民族重新屹立于世界东方。

兵民是胜利之本。克敌制胜需要全军将士勠力同心的殊死奋战，需要人民群众真心实意的拥护支持。只有具备仁爱品格的指挥员，才能最大限度地凝聚一切正义力量，共赴国难，众志成城，最大限度地发挥人民战争的整体威力。

解放军报"指挥员素养系列谈④"　2016.11.24　有改动

谋略是制胜的法宝

——谈指挥员的谋略素养

谋略素养是指挥员的核心素养，是指挥员认识客观事物并运用谋略，以尽可能小的代价换取大的战果的能力。它是观察力、记忆力、想象力、分析判断能力、思维能力、预见能力、应变能力等的综合。谋略素养高的指挥员，在认知上具有良好的全局性、选择性、辩证性和深刻性，在思维上具有良好的开阔性、敏捷性、独立性和直觉性。

没有不用谋的战争。从 2003 年伊拉克战争到 2006 年黎以冲突再到 2011 年美特种部队隐蔽奇袭击毙拉登，现代战争的实践向我们一再昭示：先谋后战，谋而后胜，仍然是普遍的真理。运用谋略，处于技术和力量优势的一方更能稳操胜券，减少伤亡，以最小的代价换取最大的胜利；运用谋略，处于技术和力量劣势的一方，也能以劣抗优，并可战而胜之。关键在于：谁能做到谋高一筹。

信息化战争中的谋略运用已经发生了更加广泛深刻的变化：谋略内容不断更新；谋略方法趋向综合；谋略空间多维一体；谋略手段智技结合等。毫无疑问，现代战争对指挥员的谋略素养要求更高，高明的指挥永远是创造主动，扬长避短，谋定后动，致人而不致于人！

提高指挥员的谋略素养应从指挥员的思维活动过程着手，从主观上创造条件。首先要构建合理的知识结构。知识是智慧的海洋、谋略的土壤。博学方能足智，足智才能多谋。应该遵循系统论原理，提高"设计"和"优化"知识结构的能力；遵循有用性原则，提高"筛选"和"活用"知识的能力；遵循动态性原则，提高更新知识的能力。其次，要掌握科学的思维方法。如果说过去的谋略有较多只可意会的艺术成分，那么今天则更多地把谋略建立在科学的基础之上。这就要求指挥员努力提高自己的科学思维能力，通过不断总结归纳，在谋略运用中科学地融合经验思维方法；通过提高辩证思维能力，学会辩证逻辑思维方法；通过提高联想、想象能力，培养敏锐的直觉思维习惯。在此基础上，还要锻造优良的心理素质。作战行动中的各种现象、处境、遭遇都可能引起指挥员感情的强烈变化。不能理智地控制情感，势必影响思维创造性的发挥，降低谋略水平。因此，指挥员必须陶冶积极健康的情感，磨砺"泰山崩于前而色不变"的刚毅果敢意志。善于适时、坚决地定下决心，并毫不犹豫地付诸实施。在行动上不为内心激情和周围压力所困扰，善于把自己的情感和行为调适到集中完成任务的活动中，心无旁骛，一意破敌。

解放军报"指挥员素养系列谈⑤"　2016.12.8　有改动

指挥员当心中有"数"

——谈指挥员的数学素养

1940年，新四军进军苏北，开辟敌后抗日根据地。国民党顽固派唯恐新四军壮大，命"反共专家"韩德勤制造摩擦，韩顽军3万余人进攻黄桥，妄图消灭我军。黄桥工事简陋，我军仅7000余人，处于绝对劣势，但此战关系到新四军能否在苏北立足，只能战不能退。战前，指挥员粟裕分析，韩顽尽管有30000之众，但兵分三路，力量分散，直接进攻黄桥的只有中路15000余人，且韩顽破坏抗日师出无名，士气低落。新四军则是正当防卫，群情激昂，加上群众支持，以7000对30000，我军仍胜算较大。定下决心后，粟裕精心部署。激战中，粟裕发现敌第6旅正成一路纵队向黄桥开来。他迅速计算：行军时两人间距约1.5米，3000余人的队伍长达四五千米。从黄桥到高桥约7.5千米，敌先头部队抵达黄桥以北2.5千米时，后尾已过高桥，即敌已全部进入我伏击圈。粟裕立即命令部队发起进攻，用"黄鼠狼吃蛇"的战法，将敌截成数段，歼其大部，一举扭转了不利态势。我军乘胜追击，取得黄桥大捷。

黄桥战役我军以少胜多与指挥员敏锐的数学素养不无关系，一向善于险中求胜的粟裕甚至用"打仗就是数学"诠释黄桥战役的胜利秘诀。指挥员的数学素养，简单地说，就是指挥员运用数学方法观察问题、分析问题和解决问题的能力。具体地讲，就是指挥员在指挥作战过程中，根据作战特点，运用数学概念、理论、技巧，对作战进行量和形的描述、演算和推导，对获得的结果加以分析判断，抓住作战的内在规律，选择最优的作战方案。

"任何一门学科，如果能够用数学来描述，那么它才能说是科学的。"两千多年前，兵圣孙武提出的"多算胜，少算不胜"，就已经把数学列为取胜之道不可或缺的要素。任何军事行动都是一定数量的物质在一定时间和空间里的运动，这种运动必然以数字形式反映出来，可以运用各种数学方法来描述与分析。无论平时还是战时，数字无处不在，数学无所不用，如果对编制、装备、人员、时间、区域、距离、频谱、周期等缺乏定量分析和精确计算，就不可能有科学的决策。所以说"数中有术，术中有数"。发达国家军队中流传着一句名言，"除了上帝，任何人都必须用数据说话"。西方指挥员也正表现出向专家化、工程师化发展的趋势。

　　信息化时代，战争形态和作战样式发生了根本性变化，而信息化的基础是应用科学，应用科学的基础是数学，数学构成了整个信息化战争的技术基础。通信手段的高速发展，计算机的大量运用和数字化部队的闪亮登场，对指挥员的数学领悟能力和运用能力提出了更高的要求。信息化指挥"失之毫厘，谬之千里"的问题较之以往更为突出。如果缺乏数学思维，仅靠直接经验进行定性分析的粗略估算，且不说处置作战中随时可能出现的意外情况，就是拟制一个联合作战计划，恐怕也很难符合实际。数学不仅是一种实用工具，更是一种科学思维。从一定意义上说，周密思考就是周密计算，善于筹划就是善于计算。计算的过程对于培养尊重科学、遵循规律的良好习惯，锻炼精确的分析能力、缜密的思维方式、严谨的工作作风，起着极其重要的作用。

　　当前，我军少数指挥员数学素养不高。有的研究作战问题定性多定量少，以强击弱、分割包围等笼统说法使用较多；有的对信息火力怎么联，诸军兵种怎么通，软硬杀伤怎么融，缺乏有效的数据配置；有的在训练演习中自觉不自觉地发出"炮火猛烈覆盖""给我狠狠地打"等口号似的命令，与现代战争精确筹划、精确打击、精确释能的要求格格不入。

　　古今中外的战争实践证明，胜利总是站在善算的一方。未来战争，多维空间并存，多种元素交织，不善算更无胜算。指挥员不必成为数学家，但必须具备基本的数学知识、常用的数学技巧和敏锐的数学意识，并通过这种素养的培养获取一种理性思维方式、一种数学技能和一种数学品质，进而形成一种条件反射般的科学本能。心中有"数"，既是各级指挥员必须掌握的基本功，更是指挥部队打胜仗的必备素质。

解放军报"指挥员素养系列谈⑥"　2016.12.15　有改动

信息关乎成败甚至存亡

——谈指挥员的信息素养

信息素养是信息社会成员的一种基本素养。指挥员的信息素养，简而言之，就是指挥员对信息的认识、获取、分析和运用的综合水平与能力。这是驾驭信息化战争不可或缺的必要条件。

人类以什么方式生产，就以什么方式打仗；用什么技术制造工具，就用什么技术制造武器。因而，人类与信息化的际会，军队与信息化的结缘，不是人为设计，而是历史必然。

1991年海湾战争，多国部队成千上万条作战指令由一体化指挥信息系统发出，渗透穿梭于多维战场空间，成为表达军事意志、统筹军事行动的"力量倍增器"，不仅改写了战场交战法则，而且改变了力量运用规律。

1999年科索沃战争，南联盟空军副司令亲自驾驶性能优异的米格-29升空迎敌，却转眼即被击落，信息编织的"从传感器直达射手"的无缝链接体系，将机械化战争平台对抗的英雄主义击得粉碎，令机械化体系结构的致命短板暴露无遗。

海明威提出了著名的"八分之一"理论——"冰山运动之雄伟壮观，是因为它只有八分之一在水面上。"现代战争，如果说火力、机动力等是冰面上的"八分之一"，那么冰面下起支撑作用的"八分之七"则是信息力。

2003年某公司进行了一次模拟演习，当某国计算机网络被对手植入的病毒猝然发难时，电话失灵、交通瘫痪、股市狂跌，军队指挥中枢遭到彻底破坏，战地指挥官甚至无从判断通过无线电接到的命令是真是假！这场虚拟的演习中映射着冰冷的现实。2015年3月，美国众议院国土安全委员会主席迈克·麦考尔承认：2014年12月发生的朝鲜网络大规模瘫痪，是由美国采取报复措施所致。信息将人类对战争的认知带入一个全新境界，"网络边疆""网络安全"已经成为国之大事、存亡之道。

现代战争的千变万化，首先表现在信息对抗领域的波诡云谲，逻辑炸弹、木马程序、黑客攻击等网络战装备技术已快速进入实战应用，输掉制信息权就基本上输掉了战争。

习主席强调，要提高我军信息化条件下的威慑和实战能力。与世界强军相比，我军很多指挥员对信息技术、信息战理论的认识还比较肤浅，从军校教员到部队干部，信息系统考核不过关的情况仍然存在。网上对抗演习也暴露出一些问题：有的坐等上级敌情通报，不主动收集和处理侦察信息，决策迟、反应慢；有的对获取的"敌"目标信息不加甄别，错把假目标当成真目标，火力打击既浪费了弹药又暴露了自己……

先进的武器需要灵巧的手和勇敢的心来操作。打赢信息化战争，不仅要提升武器装备的信息化，更要重视人的信息化。殷鉴切切，这是一条相互关联、环环相扣、共同运作的有机链条，任何一级"掉链子"都可能造成全局被动，甚至整个作战体系的崩溃。所以提高各级人员的信息素养尤其是指挥员的信息素养，既不能有"短板"，更不能有"死角"。

信息素养培育不是简单地扩容知识内存、累积信息词条等物理变化，而是内化于"心"、外强于"能"的"化学反应"。可喜的是，针对现状，我军很多单位都采取了有力措施：某集团军出台硬性规定：作战值班、战备演练、野外驻训、部队演习等，必须全程使用一体化指挥平台。火箭军某基地实行一票否决制，将信息素养作为考核干部的重要指标，凡是不会运用信息系统打仗的干部，一律暂缓提升。空军某部完善新型指挥控制平台，突破了困扰多年的"有硬件、无软件，有软件、无数据，有数据、难共享"的信息化建设瓶颈，实现了用信息系统这把"新枪"训练打仗。

航道业已开辟，实践正在深入。提高信息素养，是人民军队面向未来、面对挑战的一场重要考试，重任在肩的各级指挥员仍需持续用力，久久为功。

解放军报"指挥员素养系列谈⑦"　2016.12.22　有改动

不可忽视"聪明的学问"

——谈指挥员的哲学素养

人类的思维活动通常离不开对问题的分析求解。面对同一问题，不同的哲学素养往往为我们提供不同的思维方式，进而获得不同的解决方案、取得迥异的实际效果。

哲学是"一门使人聪明的学问"，是自然科学和社会科学的概括和总结。指挥员的哲学素养，是指其应当具备的哲学立场、观点、方法、境界及实际运用能力的总和。主要包括深厚的哲学知识底蕴、良好的哲学思维方式和较强的哲学运用能力。

哲学研究的是世界上一切事物发展变化的一般辩证规律和科学方法论，是自然科学和社会科学的理论基础，当然也是作战指挥理论与实践的理论基础。任何指挥员在实施指挥的过程中，都自觉不自觉地受到其哲学观念的制约和支配。

从哲学的角度看，作战指挥所要认识和解决的诸多矛盾和范畴，如敌与我、优与劣、进与退、攻与防、主动与被动及最终的得与失、胜与败、生与死等，实际上都是认识和解决主体与客体、主观与客观、精神与物质、认识与实践等关系的问题。作战指挥员在指挥过程中，或多或少都会受其哲学观念的制约和分配。从这个意义上说，作战指挥由理论到实践无不浸透着哲学思想。有什么样的哲学思想，就会有什么与之相适应的作战理论和指挥活动。东方传世的经典兵书往往带有较重的朴素唯物主义色彩；近代西方作战理论，则明显地表现出机械唯物论、唯心辩证法和唯意志论等资产阶级哲学思想的特征。

具有良好哲学素养，自觉运用哲学，要比不自觉地"受哲学的支配"高明得多。一条"置之死地而后生"的指导原则，韩信背水列阵大破强敌名垂青史，马谡生搬硬套却亡兵失地弄巧成拙。克劳塞维茨以德国古典哲学为思维工具，从军事和哲学的结合上研究问题，完成了著名的《战争论》。中国经典兵书如《孙子兵法》《三十六计》等，从根本上说也是军事哲学著作。孙子的"知彼知己，百战不殆"，不仅是作战指挥的要诀，也是朴素唯物主义对战争和作战行动本质的认识。毛泽东更是把哲学与军事紧密结合，战略上藐视敌人，战术上重视敌人，变战略上的以少胜多为战役战术上的以多胜少，坚持内线中的外线，战略上持久耗敌，战术上速决制胜……其高屋建瓴、炉火纯青、旷古烁今的战争指挥艺术堪称伟大典范。

哲学给了我们认识世界、改造世界的武器。十八大以来，习主席多次强调，党的各级干部，要学习马克思主义世界观和方法论，不断接受马克思主义哲学智慧的滋养。联合作战指挥员显然也不例外。

全球化时代，战争早已告别前方后方，难以区分军用民用，作战层级与阶段划分越来越模糊，首战往往即是决战。指挥员时刻面对着在客观实际的基础上，主观如何反映客观、如何能动地反作用于客观的问题。善于关照全局、全力抓住重心，是指挥艺术的核心，也是现代指挥员必备的哲学素养。必须学会跳出局部看全局，学会在陆海空天电网全域时空、全维空间，与敌人角逐博弈，培养"战略眼"、重塑"战略观"，"彰往而察来"，借鉴前人的经验智慧，增强哲学思考和思辨能力。无论面临什么样的挑战，指挥员都要保持内心平静，进不求名，退不避罪，自觉运用唯物辩证法分析、解决问题，积极进取，勇于担当，努力成就个人乃至我军辉煌的事业。

解放军报"指挥员素养系列谈⑧"　2016.12.29　有改动